Ingrid Trobisch Youngdale/Lauren Youngdale

Älter werden ist nicht schwer – reifer werden aber sehr

Ingrid Trobisch Youngdale/Lauren Youngdale

Älter werden ist nicht schwer – reifer werden aber sehr

scm R.Brockhaus

Deutsch von Martina Merckel-Braun

Wenn nicht anders angegeben, wurden die zitierten Bibelstellen mit freundlicher Genehmigung des Verlages der folgenden Bibelübersetzung entnommen:

Außerdem wurden folgende Bibelübersetzungen verwendet:

Umschlag: Ursula Stephan, Wetzlar
Satz: Jesusbooks, Großburgwedel
Druck: Ebner & Spiegel, Ulm
ISBN-10: 3-417-24955-4
ISBN-13: 978-3-417-24955-2
Bestell-Nr. 224.955

Inhalt

Einführung

In dem deutschen Wort „werden“ steckt die Bedeutung, dass sich etwas entwickelt, dass etwas entsteht und wächst. Unter diesem Blickwinkel betrachtet, ist „älter werden“ daher durchaus etwas Positives. Statt den immerwährenden Kampf um das „Jungbleiben“ mitzumachen, können wir uns entscheiden, in Kraft und Würde älter zu werden. Damit dies gelingt, brauchen wir eine Anleitung, eine Art Wegweiser. Die beste Orientierung bieten dabei für uns selbst die ersten fünf Verse aus Psalm 103. Hier die bekannte Übersetzung nach Martin Luther:

Lobe den HERRN, meine Seele,
und was in mir ist, seinen heiligen Namen.
Lobe den HERRN, meine Seele,
und vergiss nicht, was er dir Gutes getan hat:
der dir alle deine Sünde vergibt
und heilet alle deine Gebrechen,
der dein Leben vom Verderben erlöst,
der dich krönet mit Gnade und Barmherzigkeit,
der deinen Mund fröhlich macht
und du wieder jung wirst wie ein Adler.

Anhand dieser Verse möchten wir in unserem Buch auf die folgenden wichtigen Themen eingehen:

- Lobpreis und Anbetung
- Dankbarkeit
- Buße und Vergebung

- innere und äußere Heilung
- Liebe und Barmherzigkeit
- Gottes lebenslange Treue und der rechte Gebrauch der Zeit
- Älter werden heißt jünger werden

„Du bist nicht mit Walter alt geworden", sagte kürzlich eine Freundin zu mir (Ingrid), als ich sie darum bat, für dieses Buch zu beten. Ich hatte das Vorrecht, 27 Jahre lang an der Seite von Walter Trobisch zu leben. Wir haben die Freuden und Mühen der Elternschaft miteinander geteilt und zusammen einen weltweiten Dienst getan. Dann, an einem wunderschönen Oktobermorgen im Jahr 1979, zur Zeit der Weinernte, ist Walter plötzlich und unerwartet gestorben. Er war erst 55 Jahre alt. Von da an habe ich meinen Lebensweg allein fortgesetzt.

Am 27. November 1999 hat sich mein Leben noch einmal drastisch verändert. An jenem Tag habe ich Lauren Youngdale geheiratet, den ich seit meiner Studentenzeit kannte. Seine Frau Norma war zwei Jahre zuvor nach einer kurzen Krankheit gestorben. Nun hatte ich einen Gefährten für die letzte Wegstrecke meiner Lebensreise. Darum habe ich Lauren gebeten, seine Gedanken darüber, was für diese Reise von Bedeutung ist, in dieses Buch einfließen zu lassen. Wir sind beide der Meinung, dass sich im Alter der Kreis unseres Lebens schließt – nicht in erster Linie in Bezug auf das, was wir *tun*, sondern in Bezug auf das, was wir *sind*.

Wir alle werden älter. Wir alle sind Teil der „alternden Bevölkerung", gleichgültig, ob wir neun oder neunzig sind. Unabhängig von unserem Alter haben wir alle nur einen Tag zum Leben: heute. Wenn das stimmt, dann gilt das, was wir hier geschrieben haben, für Menschen jedes Lebensalters.

Unser Gebet ist, dass Sie beim Lesen dieses Buches ebenso gesegnet sind, wie wir es waren, als wir unsere Gedanken zu Psalm 103,1-5 aufschrieben.

Hier nun die Verse aus Psalm 103, an denen wir uns in unserem Buch orientieren, in der Übersetzung unseres Sohnes David Trobisch:

Von ganzem Herzen lobe ich den HERRN,
mit allem, was ich bin,
lobe ich seinen heiligen Namen!

Von ganzem Herzen lobe ich den HERRN!
Niemals werde ich vergessen,
wie freundlich er zu mir war.

Der HERR vergibt uns unsere Sünden,
heilt uns, wenn wir krank sind,
und schützt uns vor dem Tod.

Seine Freundlichkeit und Liebe tragen wir
wie eine Krone.

Er versorgt uns jeden Tag unseres Lebens
und gibt uns die Kraft eines jungen Adlers.

Ingrid und Lauren Youngdale
2851 S. Natural Bridge Drive
Springfield, Missouri, 65809
USA

Kapitel 1

Lobpreis und Anbetung

Ingrid schreibt:

Lobe den HERRN, meine Seele,
und was in mir ist, seinen heiligen Namen!
Psalm 103,1

Unsere Reise beginnt damit, dass wir Gottes Liebe erwidern – dass wir IHN anbeten, denjenigen, der uns erschaffen hat. Der Psalmist spricht zu seiner Seele, ermahnt sie dazu, aufzuwachen und Gott zu lieben. Unsere Liebe zu ihm ist keine Liebe aus Pflichtgefühl – es ist die Liebe einer Braut. Wahre Liebe bedeutet, sich selbst an den Geliebten zu verschenken.

Wie tun wir dies?

Ich kann Ihnen nur von meiner eigenen Reise berichten. Ich war achtzehn Jahre alt und in meinem zweiten College-Jahr. Mein Herz war in Aufruhr. Seit Monaten hatte ich mich auf einer spirituellen Achterbahnfahrt befunden. War ich wirklich ein Kind Gottes? Gehörte ich wirklich ihm? Ich konnte mich nicht auf meine Gefühle verlassen, die manchmal kalt und manchmal warm waren. Voller Neid hörte ich meinen christlichen Freunden zu, wenn sie den Vers sangen:

... denn ich weiß, an wen ich glaube, und bin gewiss, er kann mir bewahren, was mir anvertraut ist, bis an jenen Tag.

2. Timotheus 1,12

Ich hatte ihm mein Leben anvertraut, aber wie konnte ich sicher sein, dass ich wirklich sein Kind war? Es geschah am 31. Dezember 1944, am Silvesterabend. Mein Vater war im Jahr zuvor gestorben. Daher war meine Mutter mit ihrer Familie nach Wahoo, Nebraska gezogen, damit wir die christliche Schule besuchen konnten, an der sie unterrichtete. Alle meine Angehörigen waren schon zu Bett gegangen, und ich saß ganz allein auf dem Boden neben dem brennenden Weihnachtsbaum. Ich nahm meine Bibel, schlug Jesaja 43 auf und las die ersten sieben Verse. Dort spricht der Herr mit dem Volk Israel und sagt ihm, wie sehr er es liebt. Ich beschloss, diese Worte auf mich persönlich zu beziehen, und setzte meinen Namen in jede Verheißung ein: „Ich habe dich erlöst, Ingrid ... Ich habe dich bei deinem Namen gerufen, Ingrid ... Du bist mein, Ingrid!" Es war, als seien diese Sätze in goldenen Buchstaben geschrieben, und meine Seele wurde durchflutet von einem tiefen Frieden und einer wunderbaren Gewissheit.

Ich wusste, dass Gott keine Enkelkinder hat. Dass meine Eltern ihn geliebt und ihm gedient hatten, bedeutete nicht automatisch, dass auch ich sein Kind war. Meine Eltern hatten mich dem Herrn in meiner ersten Lebenswoche geweiht, als sie mich auf den Hängen des Kilimandscharo taufen ließen. Er hatte mich niemals fallen lassen, aber ich musste den Vater zu mir persönlich sagen hören: „Du bist mein geliebtes Kind." An jenem Silvesterabend kroch ich auf den Schoß meines himmlischen Vaters und wusste, dass ich in Sicherheit war. Ich gehörte ihm.

Einige Jahre später besuchte ich meinen älteren Bruder John und seine Familie, die in der Nähe von Denver lebten. John war dort ein sehr geschätzter Kinderarzt und machte sich gerade zum Dienst fertig. Nachdem er seiner Frau Adeline einen Abschiedskuss gegeben hatte, zog er seinen Mantel an. Aber er knöpfte ihn nicht zu, sondern hielt ihn auf, und einen glücklichen Moment lang war jedes Kind in die Geborgenheit seines Mantels eingehüllt – allein mit dem Vater für eine Umarmung und einen Abschiedskuss. Sogar der kleine Timmy, der damals gerade ein Jahr alt war, strahlte vor Freude, als er an die Reihe kam.

Diese Geborgenheit, dieses Alleinsein mit dem geliebten Elternteil unter Ausschluss der gesamten Außenwelt, erinnerte mich an eine mittelalterliche Skulptur, die ich in Europa gesehen hatte. Sie hieß die „Schutzmantel-Madonna". Die Menschen glaubten, dass Maria, die Mutter Jesu, ihren schützenden Mantel über alle diejenigen breitete, die um Bewahrung baten, vor allem zur Zeit der Pest und der Kriegswirren.

Die Erfahrung, zur Familie Gottes zu gehören, wird im Laufe der Jahre immer tiefer und bereichernder. Erst wenn wir wissen, dass wir geliebt werden, können wir „wiederlieben". Darum fordert König David, der sich von Gott zutiefst geliebt wusste, seine Seele dazu auf, wach zu werden und Gott zu lieben, zu preisen und anzubeten.

Wie können wir dies auf unserer Lebensreise tun? Indem wir mit unserem himmlischen Vater sprechen und ihm sagen, wie sehr wir ihn lieben. Ich habe fünf Kinder, die ich vom Moment ihrer Empfängnis an von ganzem Herzen geliebt habe. Die Tatsache, dass sie alle von zu Hause weggezogen sind, geheiratet haben und selbst Eltern geworden sind, ändert nichts an meiner Sehnsucht, von jedem Einzelnen von ihnen die Worte zu hören: „Ich liebe dich, Mutter." Um wie viel mehr wünscht sich unser himmlischer Vater, in dem wir „leben und weben und sind" (Apostelgeschichte 17,28), von uns zu hören, dass wir ihn lieben!

Wir können im Gebet mit ihm sprechen, und dann werden wir die Stimme des guten Hirten vernehmen, die zu uns sagt: „Das ist der richtige Weg. Mach weiter." Er schimpft nie mit uns, wenn wir stolpern oder eine falsche Richtung einschlagen; er leitet uns mit seinen Augen, die auf uns ruhen (Psalm 32,8).

Jedes Mal, wenn ich zu meiner jährlichen Routineuntersuchung zu meiner Ärztin gehe, sagt sie mir, dass sie das Ohrenschmalz in meinen Ohren entfernen muss. Wenn ich ihre Praxis verlasse, kann ich wieder deutlich hören. So ist es auch mit den „Ohren unseres Herzens": Wir müssen darauf achten, dass sie nicht verstopft sind, sondern für seine Anweisungen offen bleiben. Er hat verheißen, dass „der Gerechten Pfad glänzt wie das Licht am Morgen, das immer heller leuchtet bis zum vollen Tag" (Sprüche 4,18). Solch ein Leben ist von Freude erfüllt. Die letzten Worte, die Papst Johannes Paul II. vom Totenbett aus seinen Freunden schrieb, lauteten: „Freut euch, denn auch ich freue mich.“ Und Matthew Fox hat einmal gesagt: „Unsere Gesellschaft hat mit der Energie, die wir Glück und Freude nennen, nicht gut umzugehen gewusst. Wir müssen wieder begreifen, dass ein Leben, das auf innerer Führung beruht, von überströmendem Glück und überfließender Freude geprägt ist.“

Während ich dies schreibe, sitze ich im Gebetsraum des *Quiet Waters Center* in Branson, Missouri. Mein Herz ist von Freude erfüllt, wenn ich an jenen Tag vor über zehn Jahren zurückdenke, als ich die Stimme des guten Hirten zu mir sagen hörte: „Jetzt ist die Zeit gekommen, das Zentrum zu bauen, wo müde Pastoren und ihre Frauen, Missionare, Ehepaare, Alleinstehende und Familien zur Ruhe kommen können. Es war das Gebet und die Vision deiner Eltern, aber sie hatten während ihres Lebens auf der Erde andere Aufgaben, und nun sind sie zu Hause bei mir. Jetzt ist die Zeit gekommen, dass du ihre Vision erfüllst.“

Gott fragte Mose, was er in der Hand habe, und Mose antwortete: „einen Stab.“ So besah ich, was ich „in der Hand hatte“: ein leeres Grundstück an einem See, eine gute Bank, die bereit war, mir Geld zu leihen, einen Plan, zwei bereitwillige Zimmerleute und eine Schar betender Freunde. Heute wird das Zentrum sowohl für unsere *Quiet Waters Retreats* („Einkehrtage am stillen Wasser“) genutzt als auch von erschöpften Gemeindemitarbeitern, die zu uns kommen, um sich zu erholen und aufzutanken. Die Verheißung, die uns bis zum heutigen Tag gestärkt und aufrechterhalten hat, steht in 1. Chronik 28,20: „Sei getrost und unverzagt und richte es aus! Fürchte dich nicht und lass dich nicht erschrecken! Gott der HERR, mein Gott, wird mit dir sein und wird die Hand nicht abziehen und dich nicht verlassen, bis du jedes Werk für den Dienst im Hause des HERRN vollendet hast."

> **Denn das ist die Liebe zu Gott, dass wir seine Gebote halten.**
>
> *1. Johannes 5,3*

Das gilt immer, gleichgültig, ob wir junge Christen sind oder ob wir uns schon auf dem letzten Abschnitt unserer Lebensreise befinden. Die richtige Antwort auf die Liebe Gottes zu seinen Kindern ist, dass wir Menschen sind, die „getrost und unverzagt" und voller Freude die Aufgaben ausrichten, die er uns auf dieser Erde übertragen hat.

Nun wollen wir hören, was Lauren zu König Davids Aufforderung zu sagen hat, „den Herrn zu loben".

Lauren schreibt:

Preise den Herrn, meine Seele, und all mein Inneres seinen heiligen Namen!

Psalm 103,1 (Elberfelder Übersetzung)

Das Wort „preisen" geht zurück auf das spätlateinische „pretiare" und bedeutet „hoch schätzen, wertschätzen". Der Psalmist bringt mit seiner Aufforderung zum Ausdruck, dass Gott es wert ist, angebetet, gepriesen, respektiert, geachtet und verehrt zu werden. David räumt dem

Lobpreis Gottes in diesem Psalm den ersten Platz ein, denn er soll alles andere, was wir tun, prägen und bestimmen. Das, was in meinem Leben an erster Stelle steht, lenkt und leitet und prägt mich.

Ich wuchs in einer Familie auf, in der dies voll und ganz in die Tat umgesetzt wurde. Während der Wirtschaftsdepression der dreißiger Jahre waren alle in unserer Gemeinde arm, besonders diejenigen, die am *Des Moines River* lebten. Sie waren so arm, dass sie sich ihrer Kleidung schämten und sich nicht in die Stadt trauten – und erst recht nicht in die Kirche. Mein Vater, ein Farmer und hingebungsvoller Christ, organisierte Gottesdienste in einem verlassenen Gebäude in der Nähe des Flusses. Er leitete den Lobpreis und die Schriftlesung, und Onkel Charlie Eslick, ein blinder Evangelist, hielt die Predigten.

Als ich ein kleiner Junge war, begleitete ich meinen Vater in diese Versammlungen. Ich saß auf den rauen Holzbänken und hörte zu. Ich verspürte die Gegenwart Gottes, und dies war der Anfang meiner Berufung zum Pastor.

Onkel Charlie erzählte uns von seinem Leben als Schmied: Er weigerte sich zuzuhören, wenn der Pastor aus seiner Stadt zu ihm in die Schmiede kam, um ihm von Gott zu erzählen. Eines Tages warf er den Pastor sogar hinaus. Doch dann kam ein Tag, an dem ihm, während er am Amboss arbeitete, herumfliegende Funken beide Augen blendeten. Ebenso wie der Apostel Paulus sah er plötzlich das Licht. Er gab sein Leben dem Herrn, und der Herr machte ihn frei.

Wir sind dazu geboren, frei zu sein. C. S. Lewis sagt: „Obwohl der freie Wille das Böse ermöglicht, ist er auch das Einzige, das Liebe, Güte oder Freude ermöglicht, die sich lohnt." Das ist die Grundlage unserer Anbetung, unserer freiwillig und gern zum Ausdruck gebrachten Freude und Dankbarkeit für die Freiheit, die der Herr uns geschenkt hat, damit wir seinen Fußtapfen folgen können.

In meiner schwedisch-lutherischen Gemeinde sang der Pastor jeden Sonntag zu Beginn der Anbetungszeit: „Heilig, heilig, heilig ist der HERR Zebaoth, alle Lande sind seiner Ehre voll!" Ich erlebte Gottes Gegenwart auf eine sehr persönliche Weise, ebenso wie Jesaja im Tempel. Die Worte des Pastors erinnerten mich daran, dass Gott in all seiner Heiligkeit und Herrlichkeit anwesend war und dass ich mich innerlich darauf einstellen sollte, ihn anzubeten. Dann hörte ich die Worte: „Der HERR wohnt in der Höhe und im Heiligtum und bei denen, die zerschlagenen und demütigen Geistes sind. Er achtet auf ihr Flehen und erhört ihre Gebete. Darum lasst uns hinzutreten mit Zuversicht zum Thron der Gnade und unsere Sünden bekennen." Das Bekenntnis der Sünden kam ganz zu Anfang der Anbetung; so wurden wir daran erinnert, was nötig war, bevor wir unseren heiligen Gott wahrhaft anbeten konnten.

Richard Foster nennt in seinem Buch „Viele Quellen hat der Strom"[1] die verschiedenen Quellen geistlichen

---

[1] Richard Foster: Viele Quellen hat der Strom. Aus dem Reichtum der Glaubensgeschichte schöpfen, © der deutschen Ausgabe: R. Brockhaus Verlag Wuppertal, 2000

Lebens, die zusammenfließen müssen, wenn wir Gott wirklich anbeten wollen:

- Die Tradition der Kontemplation: ein Leben des Gebets
- Die Tradition der Heiligung: ein Leben der Reinheit und Tugend
- Die charismatische Tradition: ein Leben in der Vollmacht des Heiligen Geistes
- Die soziale Tradition: ein Leben der Nächstenliebe
- Die evangelisch-reformatorische Tradition: ein Leben aus dem Wort
- Die Tradition der Gestaltwerdung des Glaubens

Anbetung findet nicht nur in der Kirche statt

Die Anbetung soll ein fester Bestandteil unseres Alltagslebens sein – sowohl unseres persönlichen als auch unseres Familienlebens. Ingrid und ich nehmen uns jeden Morgen Zeit, um gemeinsam auf Gottes Wort zu hören und unseren Tag zu planen. Wir lesen miteinander die Losungen und die tägliche Bibellese und beantworten dann die folgenden vier Fragen:

- Wofür bin ich dankbar?
- Wofür möchte ich Buße tun?
- Wofür sollte ich beten?
- Was sollte ich heute tun?

Albert Quie war amerikanischer Senator und später Gouverneur von Minnesota. Er schrieb ein Buch mit dem Titel

„Riding The Divide“, in dem er schildert, wie er zu Pferd über die gesamte kontinentale Wasserscheide der Rocky Mountains geritten ist – von Kanada bis Mexiko. Er schreibt über seine Frau Gretchen: „Sie hat es gern, wenn ich bei ihr bin und mit ihr rede. Ich hingegen habe das Gefühl, mit Gretchen zusammen zu sein, wenn ich mich nur irgendwo in der Nähe befinde. Ich schätze, ich habe ein bisschen Indianerblut in mir. Es ist wie in der Geschichte aus der Siedlerzeit, in der ein Indianer zu einem Siedler sagt: ‚Das war ein schöner Besuch bei dir.“

‚Wann wart ihr denn da?‘, fragte der Siedler.

‚Letzten Montag.‘

‚Wo seid ihr gewesen?‘

‚Wir haben an deiner Hauswand gesessen und von dort aus Gemeinschaft mit dir gehabt.‘

‚Ich habe überhaupt nicht gewusst, dass ihr da wart!‘

‚Wir haben ja auch nichts gesagt. Wir waren einfach in deiner Gegenwart.‘“

Dasselbe Empfinden bringt Mutter Teresa mit der Antwort zum Ausdruck, die sie Dan Rather, einem Journalisten, während eines Interviews gab.

„Was sagen Sie zu Gott, wenn Sie beten?“, fragte Rather.

„Ich sage gar nichts, ich höre einfach zu“, war ihre schlichte Antwort.

Rather räusperte sich und fragte dann: „Nun, und was sagt Jesus zu Ihnen?“

Mutter Teresa antwortete: „Oh, er sagt gar nichts, er hört einfach zu.“

Ja, Zuhören ist ein ganz wichtiger Bestandteil des Gebetes. Hören Sie auf Gottes leise Stimme und antworten Sie auf das, was Sie hören. Manchmal scheint Gott zu schweigen, aber er hört immer zu und antwortet zu seiner Zeit. Oft antwortet er mit „ja", aber gelegentlich sagt er auch „nein", und manchmal sagt er einfach „warte". Und auch in diesem vermeintlichen Schweigen spricht er zu uns. All dies ist Teil des Planes, den er für unser Leben hat. Stellen Sie sich vor, Sie würden mit Gott ein Telefongespräch führen. Sagen Sie ihm, was Sie auf dem Herzen haben, und warten Sie dann auf seine Antwort, wann immer er sie Ihnen gibt.

Auch wenn wir einen Gottesdienst besuchen, spricht Gott auf viele verschiedene Weisen zu uns: durch die Liturgie, durch die Schriftlesung, durch die Gebete der Gemeinde, in denen es nicht nur um unsere persönlichen Anliegen, sondern um die Bedürfnisse des Leibes Christi geht. Darum ist das Vaterunser so wichtig. Es ist das vollkommene Gebet schlechthin, aber wir müssen es wirklich mit aufrichtigem Herzen beten, nicht nur mechanisch aufsagen, sonst verliert es seine Bedeutung für uns.

Gott wendet sich uns auch durch den aaronitischen Segen zu, der uns im Rahmen des Gottesdienstes zugesprochen wird: „Der HERR segne dich und behüte dich; der HERR lasse sein Angesicht leuchten über dir und sei dir gnädig; der HERR hebe sein Angesicht über dich und gebe dir Frieden" (4. Mose 6,24-26).

In den Gottesdiensten der Kirche, der ich angehöre, gibt es auch die Gelegenheit, einander zu segnen. Nachdem der Pastor die Worte gesprochen hat: „Der Friede des Herrn sei mit dir“, sagen wir zu ihm und zueinander: „Der Friede des Herrn sei auch mit dir.“ Was für ein Segen ist es für mich als Pastor, diese Worte zu hören, und auch für die anderen Gemeindemitglieder, wenn sie einander diesen Segenswunsch zusprechen.

Der Segen des Herrn geht mit uns in unser Alltagsleben hinein. Wir lesen in Ruth 2,4, dass Boas, als er aus Bethlehem zurückkehrt, die Schnitter auf dem Feld mit den Worten begrüßt: „Der HERR sei mit euch!“ Sie antworten: „Der HERR segne dich!“ Die Segensworte, die im Gottesdienst angebracht sind, sind genauso angebracht an unserem Arbeitsplatz. Boas' Austausch von Segenswünschen mit seinen Schnittern ist dasselbe wie unser Austausch von Segenswünschen mit den anderen Gemeindegliedern am Ende eines Gottesdienstes. Nach meinem Empfinden sollten wir unser ganzes Leben, das „weltliche“ ebenso wie das „heilige“, in der Gegenwart Gottes leben.

Ich bin im Laufe der Zeit reifer geworden, nicht nur in Bezug auf meinen Glauben, sondern auch in Bezug auf meine Haltung anderen Christen gegenüber. Ich habe gelernt, diejenigen zu akzeptieren, deren Art zu beten und zu dienen sich von meiner unterscheidet. Das ist eine wichtige Frucht meines Älterwerdens. Paulus bringt dies in 1. Korinther 13,11 so gut zum Ausdruck: „Als ich ein Kind war, da redete ich wie ein Kind und dachte wie ein Kind und war klug wie ein Kind; als ich aber ein Mann wurde, tat ich ab, was kindlich war.“

Nun bin ich fähig, vertrauensvoll den nächsten Schritt auf meinem Lebensweg zu wagen. Das Ergebnis ist ein dankbares Herz.

Kapitel 2

Dankbarkeit

Ingrid schreibt:

Lobe den HERRN, meine Seele,
und vergiss nicht, was er dir Gutes getan hat.
Psalm 103,2

Ich erinnere mich daran, wie meine Mutter mir eines Tages einen Brief zeigte, den sie von Dr. Conrad Bergendoff erhalten hatte, einem Freund aus Studententagen. Sie war damals Mitte achtzig und seit über vierzig Jahren Witwe. Dr. Bergendoff, der zu diesem Zeitpunkt 95 Jahre alt war, schrieb ihr:

> Liebe Gertrude,
> je älter ich werde, desto überzeugter bin ich, dass die größte christliche Tugend im Leben die Dankbarkeit ist …

Wir stimmen Dr. Bergendoff voll und ganz zu: Gerade, wenn wir älter werden, ist eine innere Grundhaltung der Dankbarkeit von unschätzbarem Wert. Es geschieht immer wieder, dass unsere Lebensumstände hinter unseren Erwartungen zurückbleiben. Statt einen kritischen Geist zu haben, der ständig ein Haar in der Suppe findet und von jeder Fliege an der Wand gestört wird, können wir mit König David sagen: „Ich will den Herrn loben und nie vergessen, wie viel Gutes er mir getan hat“ (Psalm 103,2; Hoffnung für alle). Hanna Ahrens schreibt: „Wofür ich danke, das gehört mir wirklich.“

Vor kurzem flogen meine jüngste Schwester und ich nach Österreich zu einer Familienfeier. Es war Marys erste Reise nach Europa. Wir verbrachten einen Vormittag damit, durch die schöne alte Stadt Salzburg zu spazieren. Nachdem wir in einem kleinen Kaffeehaus eine Tasse Kaffee getrunken hatten, wollten wir uns frisch machen, woraufhin man uns sagte, es gebe nur eine öffentliche Toilette in der Stadt, die wir benutzen könnten. Nachdem wir unterwegs ein paar Leute gefragt hatten, fanden wir sie schließlich in der Nähe des Marktplatzes. Die Frau, die dort arbeitete, teilte uns ziemlich schroff und unfreundlich mit, was die Benutzung des Raumes kosten würde. Sie beschwerte sich über ihre undankbare Arbeit und die vielen Stunden, die sie tagtäglich dort verbringen musste. Wir fühlten uns beide im wahrsten Sinne des Wortes niedergeschlagen, als wir wieder hinaus in den „Schnürlregen“ traten, und schworen uns, dass wir sie nie wieder belästigen würden.

Später im Laufe des Tages besuchten wir die wunderbare Kunstsammlung der erzbischöflichen Residenz; danach suchten wir eine andere öffentliche Toilette auf, die man uns gezeigt hatte. Die freundliche Frau, die dort beschäftigt war, begrüßte uns mit einem Lächeln. Auf dem

Waschtisch stand ein Bouquet frischer roter Rosen. Ich sagte ihr, wie schön ich die Blumen fand und wie sehr ich ihre positive Einstellung schätzte. „Ja", sagte sie, „dies ist ein sehr schöner Arbeitsplatz, und ich möchte den Menschen das Gefühl geben, dass sie willkommen sind." In diesem Moment begannen die tiefen Glocken des angrenzenden Doms zum Nachmittagsgottesdienst zu läuten. „Sehen Sie, das habe ich gemeint", sagte die Frau. „Es ist ein wunderbarer Arbeitsplatz." Mary und ich konnten nur staunen. Die Begegnung mit dieser Frau baute uns richtig auf, und wir konnten deutlich spüren, welch einen Unterschied die innere Haltung dieser beiden Frauen machte, die doch eigentlich dieselbe Arbeit taten.

Vor Jahren besuchte ich einmal meine Schwester Veda in Tansania, wo sie als leitende Krankenschwester eines Leprahospitals arbeitete. „Ich möchte, dass du Yakobu kennen lernst, einen meiner besonderen Freunde", sagte sie, als sie mit mir ihre Runde durch die Zimmer machte.

„Wie geht es dir heute, Yakobu?", fragte sie in Suaheli.

„Ich bin voller Freude aufgewacht", sagte er. „Meinem Körper geht es gut."

Ich sah ihn an. Er war blind, seine Nase war von der Krankheit zerstört worden, und seine Hände waren nur noch Stümpfe. Dennoch lag ein innerer Glanz auf seinem Gesicht, den ich heute noch sehen kann.

„Wenn ich ihn morgens nur begrüße, bewirkt das schon, dass ich einen wunderbaren Tag habe", sagte Veda. „Ich habe nie einen dankbareren Menschen kennen gelernt." Auch hier sehen wir – Dankbarkeit kann unabhängig von den äußeren Umständen sein. In jedem noch so düsteren Augenblick ist es möglich, einen Grund zu danken zu finden. Es kommt auf die Perspektive an.

Brennan Manning, einer meiner Lieblingsautoren, schreibt in seinem Buch „Kind in seinen Armen“[2] darüber, wie wichtig es ist, im Bewusstsein der zärtlichen Liebe Gottes zu leben. Um ein Leben zu führen, das von Dankbarkeit geprägt ist, müssen wir uns Gottes Meinung über uns zu eigen machen. Entschuldigen Sie sich nicht ständig für das, was Sie sind. Gott macht keinen Müll. Wenn ich davon überzeugt bin, dass der Vater etwas Gutes gemacht hat, als er mich erschuf, dann kann ich aus dieser dankbaren Gewissheit heraus liebevoll auf meine Mitmenschen, meinen Ehepartner, meine Kinder zugehen. Oder, wie Ruth Heil es ausdrückte: „Lasst den Dank füreinander nicht ausgehen, und die Freude wird bei euch wohnen.“

Je länger ich lebe, desto mehr staune ich über den menschlichen Körper. Ich habe zehn Jahre damit verbracht, das Buch „Mit Freuden Frau sein“ zu schreiben, und habe mich dabei mit dem gynäkologischen Alter der Frau von der ersten Menstruation bis zu den Wechseljahren beschäftigt. Wie viel Freude muss Gott gehabt haben, als er Eva aus Adams Rippe formte und sie zu ihrem Mann brachte. Statt zu fragen: „Warum können Frauen nicht so sein wie wir?“, sollten Ehemänner lieber die Her-

---

[2] Brennan Manning: Kind in seinen Armen. Gott als Vater erfahren, © der deutschen Ausgabe: R. Brockhaus Verlag Wuppertal, 1999

ausforderung annehmen, ihre Frauen zu entdecken. Hierzu fällt mir die Bemerkung eines dänischen Freundes ein, der eine unserer *Quiet Waters Retreats* (Ehefreizeit) in Springfield besucht hatte.

„Hast du irgendetwas auf dem Herzen, das du den Männern gern mit auf den Weg geben würdest?“, fragte ich ihn bei unserer letzten Zusammenkunft.

„Ja“, sagte er: „Heute ist *Columbus Day*[3]. Kolumbus starb, ohne zu wissen, dass er einen neuen Kontinent entdeckt hatte. Ihr Männer, sterbt nicht, ohne eure Frauen entdeckt zu haben! Seid dankbar für dieses große Geschenk, das ihr von Gott erhalten habt.“ Statt mich also über die Eigenheiten meines Ehepartners zu ärgern, sollte ich versuchen, zu verstehen und herauszufinden, warum er so ist, wie er ist. Gerade dies kann mir wieder Grund zum Danken geben.

Dankbarkeit erfüllt auch mein Herz, wenn ich die Erfahrungen, die ich als Mutter gemacht habe, innerlich noch einmal nacherlebe. Es war nicht immer einfach – ich erinnere mich noch gut daran, als mein Ehemann Walter zu einer fünfwöchigen Vortragsreise nach Ostafrika aufbrach. Ich blieb mit unseren fünf kleinen Kindern zu Hause im Urwald von Camourn, Westafrika zurück. Es war sechs Uhr abends, und alle Kinder verlangten lautstark nach Aufmerksamkeit. Damals wohnte gerade Tante Ruth bei uns, eine ältere Afrikanerin. Sie sah mich an und lach-

[3] Dieser Gedenktag an Kolumbus wird in den USA jedes Jahr am 12. Oktober gefeiert.

te. „*Dieu est pour nous, Madame*“, sagte sie. (Gott ist auf unserer Seite.) Mit dieser Bemerkung rückte sie das Ganze ins rechte Licht.

Seitdem sind vier Jahrzehnte vergangen. Ich bin dankbar, wenn ich meine erwachsenen Kinder sehe. Gott ist sehr gut zu mir gewesen. Katrine, die Älteste, lebt mit ihrem Mann, einem Diplomaten, in Berlin, und Ruth, die Jüngste, arbeitet als Kinderpsychiaterin in Wien. Mein Sohn Daniel ist Psychotherapeut in Salzburg, David doziert Theologie in Portland, Maine, und Stephen arbeitet als Deutschprofessor und Verleger in Bolivar, Missouri. Ich bin dankbar für ihre Ehepartner, meine Schwiegerkinder, und für meine Enkelkinder. Ihnen allen spreche ich im Gebet die Verheißung aus Psalm 103,17 zu:

> *Die Gnade aber des HERRN währt von Ewigkeit zu Ewigkeit über denen, die ihn fürchten,*
> *und seine Gerechtigkeit auf Kindeskind bei denen, die seinen Bund halten und gedenken an seine Gebote, dass sie danach tun.*

Aber was ist mit denen, die keine Kinder haben? Ich denke an Reinhild, eine wunderbare deutsche Freundin, die mir erzählte, wie traurig sie war, wenn sie beim Ausfüllen ihrer Einkommensteuererklärung die Frage nach der Anzahl der Kinder beantworten musste. Dann wurde sie wieder darauf gestoßen, dass sie kinderlos war, und das tat jedes Jahr aufs Neue weh. „Dabei habe ich 400 Kinder, für die ich als Direktorin meiner Schule verantwortlich bin – und die meisten von ihnen sind sehr bedürftig." Die Hingabe und Liebe, mit der sie für ihre Schüler und Schülerinnen da war, strahlte auf die ganze Stadt aus, in der sie lebte.

„Ich will nie vergessen, wie viel Gutes er mir getan hat" (Psalm 103,2) steht in der Bibelübersetzung „Hoffnung für alle". Nie vergessen bedeutet, sich erinnern. Und dieses Wort leitet sich ab aus dem althochdeutschen „innaron" – dafür sorgen, dass man einer Sache „innewird", sie sozusagen tief im Innern wahrnimmt. Wenn wir wirklich im innersten Herzen begreifen, wie gut Gott zu uns ist, dann können wir gar nicht anders, als ihm dankbar zu sein. Mutter Basilea hat einmal gesagt: „Den Dankbaren wird nie etwas mangeln."

Meine liebe Freundin und Mitarbeiterin Ruth Heil hat ein kleines Buch geschrieben mit dem Titel: „Die Kraft des Dankens"[4]. Hier einige Gedanken, die sie darin äußert:

Dank als Geheimnis der Zufriedenheit

„Wahrer Glaube und die Fähigkeit, mit wenigem zufrieden zu sein, sind tatsächlich ein großer Reichtum", schreibt Paulus (1. Timotheus 6,6; Neues Leben), und er stellt fest: „Ob ich nun wenig oder viel habe, ich habe gelernt, mit jeder Situation fertig zu werden ..." (Philipper 4,12; Neues Leben).

---

[4] Ruth Heil: Die Kraft des Dankens, Verlag der St.-Johannis-Druckerei, Lahr-Dinglingen, 1999

Ich neige oft dazu, an all das zu denken, was ich nicht getan habe, anstatt dankbar und erfüllt zu sein wegen all dem, was ich erreicht habe. Würde ich das öfter tun, wäre ich sicherlich auch zufriedener mit mir selbst und meinem Leben.

Dank trotz Unvollkommenheit

Walters Mutter hat mich, wenn ich es nicht geschafft habe, ein Projekt zu beenden, oft mit dem Satz getröstet: „Nichts im Leben ist hundertprozentig." Wir müssen mit unserer eigenen Unvollkommenheit leben. Wenn wir auf andere Menschen schauen, dann leiden wir oft, weil wir ihrem Standard nicht entsprechen können oder nicht all das tun können, wozu sie fähig sind. „Jeder Seitenblick ist Sünde", sagen wir zu unseren Freunden, die mit diesem Problem zu kämpfen haben – und oft genug sagen wir es auch zu uns selbst.

Als Lauren und ich 1999 geheiratet haben, waren wir uns einig darin, dass wir einfach dankbar sein würden für all das Gute, das wir mit unseren ersten Partnern erlebt hatten, und unsere Kinder oder Enkelkinder nie miteinander vergleichen würden. Jedes Einzelne von ihnen ist einzigartig und hat seine eigene Geschichte, und sie alle halten uns auf den Knien – aus Dankbarkeit, aber manchmal auch, weil sie dringend unsere Fürbitte brauchen.

Dank als Lebensaufgabe

Einer der ersten Bibelverse, die ich als Kind gelernt habe, war Römer 8,28: „Wir wissen aber, dass denen, die Gott lieben, alle Dinge zum Besten dienen." Wenn wir älter werden, dann erkennen wir ein bestimmtes Prinzip in unserem Leben: Wenn Gott uns gewisse Dinge vorenthält, dann nur, um uns etwas anderes zu geben, das viel besser für uns ist. Friedrich von Bodelschwingh hat einmal gesagt: „Dankbarkeit ist ein Zeichen der Reife." Wenn Sie nicht glücklich sind mit dem, was Sie haben, werden Sie auch nicht glücklich sein, wenn Sie mehr bekommen.

Dank sagt Ja

„Annahme ist der Schlüssel zum Frieden." Das ist eine Kernwahrheit, an die wir uns immer wieder erinnern sollten. Annahme bedeutet, dass ich Ja sage zu dem Tag, der vergangen ist. Und auch zu dem, der kommen wird. Denn was auch immer die Zukunft bringen mag, Jesus Christus wird mit mir sein.

Dankbarkeit ist der erste Schritt zur Freude

Ein dankbarer Mensch wird immer neue Gründe zum Danken finden, und ein undankbarer Mensch wird immer Gründe finden, um sich zu beklagen. Wenn wir lernen,

Gott zu danken, werden wir entdecken, wie Heil und Heilung in unser Leben kommen.

In deinen Armen bin ich geborgen, denn nichts Böses erreicht mich dort, weder heute noch morgen.

Aus einem alten englischen Lied

Eines der Dinge, für die ich am dankbarsten bin, ist mein Zuhause. Wir beziehen viel verborgene Kraft aus dem Wissen, wo wir zu Hause sind. Das Erste, was Gott für Adam und Eva tat, war, dass er ihnen ein Zuhause geschaffen hat, den Garten Eden. Als Jesus in der Nacht vor seiner Kreuzigung mit seinen Jüngern sprach, sagte er zu ihnen: „Ich gehe hin, euch die Stätte zu bereiten" (Johannes 14,2).

Die großartige englische Autorin Elisabeth Goudge spricht in ihren Romanen über „das Geheimnis des Zuhauses". Sie beschreibt eine ihrer männlichen Hauptpersonen mit den Worten: „Er war gern in seinem Haus allein. Er und sein Haus waren Freunde."

Man muss zuerst selbst ein Zuhause haben und es lieben, bevor man anderen Menschen ein Zuhause sein kann. Ich möchte, dass mein Zuhause ein Ort ist, wo ich nicht nur schlafen und essen kann, sondern wo auch meine Seele gesättigt und mein Geist genährt wird.

Ich kenne Menschen, die wie Nomaden von einem Wohnort zum nächsten ziehen und ständig nach einem neuen „Zuhause" Ausschau halten wie Meerestiere, die von einer Schale in die nächste kriechen, ohne jemals zurückzuschauen. Meine Gefühle entsprechen eher denen der Journalistin Susan Reinhart. Sie verließ das Haus, das ihre Familie gebaut und in dem sie viele Jahre gelebt hatte, um in ein größeres zu ziehen, und schrieb: „Meine Tränen flossen wie Wasser, das sich aus einer zerbrochenen Vase ergießt. Es war, als wäre etwas abgerissen worden, ein Stützbalken meines Herzens ... Von einem Augenblick zum nächsten wurde ich von einem überwältigenden Schmerz darüber erfasst, etwas aufgegeben zu haben, das nicht länger passte. Wurzeln, die sich tief in vertrauten Grund geschlagen hatten. Dann das Herausreißen dieser Wurzeln, um sie in die Hände eines anderen zu legen ..."

Genau so fühlte ich mich vor zwanzig Jahren, als ich den Lichtenberg bei Salzburg verließ, um nach Springfield, Missouri, zu ziehen. „Es ist doch bloß ein Haus", sagte meine Enkeltochter zu mir. Ich schrieb in mein Tagebuch: „Ist der Lichtenberg bloß ein Haus? Es war ein Haus, das Walter geliebt hat und wo wir zwanzig Jahre lang gelebt haben, ein Haus, in dem unsere Kinder aufgewachsen sind und Wurzeln geschlagen haben, ein Haus, in dem viele Menschen Ruhe und Frieden gefunden haben. Ist das wirklich ‚bloß ein Haus'?"

Wir haben gerade einen Brief von dem Seniorenwohnheim in Fergus Falls, Minnesota erhalten, wo Lauren sechzehn Jahre lang als Pfarrer gearbeitet hat. Dort ist ein kleines Appartment für uns frei geworden. Wir genießen es sehr, in unserem Haus in Springfield zu leben – es bietet so viel Platz für uns, und wir können jederzeit unsere Angehörigen und unsere Freunde einladen und für sie da sein. Vor dem Haus steht eine majestätische, über 250 Jahre alte Eiche. Sie stand schon zur Zeit von Mozart, Jefferson und Zinzendorf an diesem Platz; sie hat ihre Wurzeln tief in die Erde geschlagen, Jahresring um Jahresring gebildet und Wind und Wetter getrotzt. Sie trägt ihr Laub wie eine Krone, mutig und stolz.

Dieser Baum ist für mich ein wunderbares Symbol für die Liebe meines himmlischen Vaters. Werden wir bereit sein, diesen Ort zu verlassen, wenn die Zeit dafür gekommen ist?

Lauren schreibt:

Von ganzem Herzen lobe ich den HERRN!
Niemals werde ich vergessen, wie freundlich er zu mir war.

Psalm 103,2

Ein dankbares Herz ist eine der größten Gaben, die ich von Gott erhalten habe. Und doch vergesse ich oft die Segnungen, die er mir geschenkt hat.

Mir geht ein alter Gospel-Chorus im Kopf herum. Meine Mutter hat ihn immer und immer wieder gesungen, während sie in der Küche arbeitete. Sie war eine einfache Hausfrau auf einer Farm in Iowa und hatte nur einen Hauptschulabschluss. Dennoch habe ich in meiner Jugendzeit immer gedacht, dass sie eine äußerst gebildete Frau war. Und sie war es wirklich – jedenfalls in Bezug auf die Dinge, die im Leben wirklich zählen. Sie war immer voller Dankbarkeit und liebte dieses Lied:

Was Gott für dich getan hat,
zähl es alles auf,
all die vielen Gaben,
Segen ist's zuhauf.

Ich weiß noch genau, wie sie dieses Lied gesungen hat. Denn sie hat genau das getan: Sie hat alles aufgezählt, was Gott für sie getan hat. Eine seiner Gaben nach der anderen hat sie aufgezählt, und es waren so viele, dass das Lied kein Ende zu nehmen schien. Inmitten aller körperlichen und finanziellen Not sang sie mit ihrer angenehmen Sopranstimme ihre Sorgen und Ängste in Grund und Boden. Sie erinnerte uns alle daran, wie viel Grund zur Dankbarkeit wir hatten. Ja, wir waren arme Leute und schafften es gerade, mit unseren bescheidenen Ernten in einer Zeit schwerer wirtschaftlicher Depression über die Runden zu kommen. Aber sie zeigte uns Fotos in der Zeitung, auf denen lange Reihen von hungernden Menschen abgebildet waren, die in den Städten um Suppe und Brot anstanden. Sie machte uns dadurch klar, wie reich wir waren: Wir mussten niemals hungrig zu Bett gehen, denn unsere Farm brachte alles hervor, was wir brauchten, um satt zu werden.

Diese Haltung prägte mich von Kind an, und sie half mir, dem Leben positiv gegenüberzustehen. Als Kind war ich sehr schüchtern und hielt nicht viel von mir selbst und meinen Fähigkeiten. Ich war häufig allein, aber obwohl ich nur wenige Freunde hatte, wusste ich immer, dass meine Familie und mein Gott mich liebten.

Mit achtzehn Jahren wurde ich zur Armee eingezogen. Der Zweite Weltkrieg konfrontierte mich mit der Realität des Lebens und des Todes. Ich diente im medizinischen Korps und erlebte hautnah, wie junge Männer starben, während ich Wache hielt. Statt Hoffnungslosigkeit und Verzweiflung zu empfinden, begann ich zu begreifen, dass ich mein Leben einsetzen konnte, um das Leben anderer zu erhalten, statt es zu zerstören. Ich verspürte die deutliche Berufung, eines Tages Pastor zu werden.

Ein altes Sprichwort sagt: „Man vermisst das Wasser erst, wenn der Brunnen austrocknet." Ich erinnere mich an einen extrem trockenen Sommer, den ich erlebte. Wenn ich zur Pumpe hinter dem Haus ging und sie betätigte, dann kam statt Wasser nichts als heiße Luft. Wir begreifen nicht, wie sehr wir vom Wasser abhängig sind, solange wir so viel davon haben, wie wir nur wollen. Wir halten es für selbstverständlich, dass unaufhörlich reines, klares, frisches Wasser fließt, und sind sogar dazu imstande, es achtlos zu vergeuden.

Dasselbe gilt für alles im Leben, was wirklich wichtig ist. Wir wissen das Essen erst zu schätzen, wenn wir einmal richtig hungrig gewesen sind. Wir betrachten es als selbstverständlich, dass wir gesund sind, bis uns eine schlimme Krankheit trifft. Wir begreifen erst, wie wichtig die Gemeinde für uns ist, wenn wir eine Zeit lang nicht die Möglichkeit haben, Gott gemeinsam mit anderen anzubeten. Sogar die Menschen, die wir am meisten lieben, nehmen wir als selbstverständlich hin, bis wir in Gefahr sind, sie zu verlieren. Viel zu spät wird uns bewusst, dass sie zu den wirklichen Schätzen in unserem Leben zählen. Und wir können sogar Gott als selbstverständlich hinnehmen, bis wir jene schreckliche Zeit erleben, die die Mystiker „die dunkle Nacht der Seele" nennen. Mit diesem Ausdruck ist der Zustand gemeint, bei dem man das Gefühl hat, ganz und gar von Gott verlassen und den Schmerzen und Qualen der Hölle ausgeliefert zu sein.

Ich habe es in meinem eigenen Leben erfahren und auch im Leben anderer Menschen gesehen: Erst, wenn wir durch dunkle Zeiten und tiefe Täler gegangen sind, lernen wir, wirklich dankbar zu werden.

Gottes größte Gabe an uns sind nicht irgendwelche Dinge, sondern das Geschenk der Errettung durch seinen Sohn Jesus Christus. Dafür bin ich unendlich dankbar, auch wenn manch ein anderes Bedürfnis unerfüllt bleibt.

Ich habe drei prächtige Söhne und vier wunderbare Töchter. Es macht mich glücklich, wenn sie dankbar sind, einfach weil ich ihr Vater bin, nicht wegen irgendwelcher materieller Dinge, die ich ihnen gebe. Unser himmlischer Vater sagt uns, dass es genau diese Haltung ist, die er sich von uns wünscht. In Philipper 4,6 lesen wir: „Sorgt euch um nichts, sondern in allen Dingen lasst eure Bitten in Gebet und Flehen *mit Danksagung* vor Gott kundwerden!"

Die Bibel spricht an einer anderen Stelle von der Möglichkeit, hundertfache Frucht hervorzubringen. Ich bin auf einer Farm in Iowa aufgewachsen, auf der hauptsächlich

Mais angebaut wurde. Dort habe ich eine besondere Ehrfurcht für die Wunder von Gottes Schöpfung entwickelt. Wenn man ein einziges Korn in die Erde steckt, bringt dies eine neue Ähre mit 800 bis 900 Körnern hervor. Dieses eine Saatkorn vervielfältigt sich selbst nicht hundertfach, sondern über 800fach. Dieses Wunder vollzieht sich in weniger als hundert Tagen. Ich kann nicht glauben, dass das alles Zufall ist. Ich staune immer wieder über die unglaublichen Wunder von Gottes Schöpfung.

Der Psalmist erinnert sich selbst: „Lobe den HERRN, meine Seele, und vergiss nicht, was er dir Gutes getan hat." Müssen wir nicht alle ab und zu daran erinnert werden? Vergisst unsere Seele dies nicht allzu oft?

Wenn ich das, was geschieht, auf meine eigene Leistung zurückführe, dann gibt es keinen Grund, dankbar zu sein, denn ich habe ja alles selbst erreicht, stimmt's? Ich erinnere mich, wie ich einmal einem Arzt, der mich wunderbar durch eine ernste Krankheit hindurchbrachte, überschwänglich gedankt habe – aber in Wirklichkeit war der Herr derjenige, der ihn gelenkt und geleitet hat und ihm die Fähigkeiten und die Weisheit geschenkt hat, die er für diese Aufgabe benötigte.

„Preise den HERRN, meine Seele, und all mein Inneres seinen heiligen Namen!" (Elberfelder Übersetzung). *All mein Inneres* – das bedeutet, jede Faser meines Seins, jeder Atemzug, den ich tue, jeder Impuls meiner Gedanken, jeder Schlag meines Herzens. Können wir so wie David sagen, dass wir Gott mit unserem ganzen Sein zu jeder Zeit unseres Lebens anbeten? Wenn wir an diesen

Punkt gelangen, ist es nicht mehr notwendig, uns daran zu erinnern, dankbar zu sein, da *all unser Inneres* bereits den Herrn preist und ihm dankt.

Dankbarkeit ist die Frucht des Glaubens. Und Glaube bedeutet, eine dauerhafte, beständige Beziehung zu Gott zu haben. Um zu dankbaren Menschen zu werden, brauchen wir keine inneren Verrenkungen zu machen oder uns mit aller Gewalt zu irgendwelchen Ritualen zu zwingen. Dankbar sein hat etwas mit denken zu tun. Danken und denken haben dieselbe sprachliche Wurzel. Undankbar zu sein bedeutet, gedankenlos zu sein. Wenn wir nachdenken, wenn wir uns er-innern, dann werden wir dankbar.

Im US-Staat Maine gab es einen behinderten Pastor, der einmal in der Woche eine Radiosendung gestaltete, die tausende von Zuhörern innerlich aufbaute und inspirierte. Nur wenige wussten, dass er blind und seit vierzehn Jahren bettlägerig war. Er schrieb an einen Freund: „Gott sei Dank dafür, dass mein Anker hält ... Ich kann mich nicht mehr bewegen, aber ich kann beten und den Herrn preisen."

Gott wünscht sich, dass unser Alltagsleben von solch einem Geist der Dankbarkeit erfüllt ist. Mein liebstes Lobpreislied ist „Lobe den Herren" von Joachim Neander:

Lobe den Herren, was in mir ist, lobe den Namen.
Alles, was Odem hat, lobe mit Abrahams Samen.
Er ist dein Licht, Seele, vergiss es ja nicht.
Lobende, schließe mit Amen!

EKG 317, Vers 5

Martin Rinckarts Leben verlief in mancher Hinsicht tragisch. Er wurde in Eilenburg (Sachsen) geboren und stand während des Dreißigjährigen Krieges im Dienst der Kirche. In dieser Zeit rettete er die Stadt mehrere Male. Er starb als erschöpfter, gebrochener Mann. Dennoch konnte er in all dem schreiben:

Nun danket alle Gott mit Herzen, Mund und Händen,
der große Dinge tut an uns und allen Enden,
der uns von Mutterleib und Kindesbeinen an
unzählig viel zugut bis hierher hat getan.

EKG 321

Kapitel 3

Vergebung

Ingrid schreibt:

> *... der dir alle deine Sünde vergibt ...*
>
> *Psalm 103,3*

Pastor Johan Hinderlie, der Leiter der *Mount Carmel Family Ministries* in Alexandria, Minnesota, berichtet die folgende Geschichte von seinem Großvater, einem tiefgläubigen, gesegneten Pastor der alten norwegisch-lutherischen Kirche. Der Großvater hatte erzählt:

> Eines Tages kam eine angesehene ältere Dame in mein Büro. Sie sagte mir, dass sie ihre Beziehung zu Gott in Ordnung bringen wolle. Seit fünfzig Jahren schleppe sie eine schwere Last mit sich herum. Nun sei sie über siebzig und wolle endlich davon befreit werden. Ich bat sie, sich zu setzen und mir mitzuteilen, was sie bedrückte. Sie weinte, während sie ihre Geschichte erzählte:
>
> „Ich war eines Tages allein auf der Farm meiner Eltern. Ich war damals ein Teenager, und so hatte meine Mutter mich gebeten, in ihrer Abwesenheit das Essen für den jungen Mann zuzubereiten, der den Sommer über

bei uns arbeitete. Ich wusste, dass er mich mochte, aber ich war nicht auf seine plötzlichen Annäherungsversuche vorbereitet. Es kam so weit, dass wir miteinander schliefen. Ein paar Wochen später entdeckte ich, dass ich schwanger war. Ich hatte Angst, aber ich wagte nicht, mich meinen Eltern anzuvertrauen. Heimlich ließ ich das Kind abtreiben und erzählte niemandem davon. Wie meine Geschichte weiterging, wissen Sie, Herr Pastor. Ein paar Jahre später habe ich einen netten Mann aus unserer Gemeinde geheiratet, und wir haben fünf Kinder bekommen. Ich bin immer ein treues Mitglied dieser Gemeinde hier gewesen, aber tief in meinem Herz hat die Wunde dieser Abtreibung gefressen. Können Sie mir helfen? Ich kann diese Last nicht länger tragen."

Ich hatte ihr schweigend zugehört, während sie ihr Herz ausschüttete. Nun stellte ich ihr noch ein paar Fragen. Nachdem sie sie beantwortet hatte, fragte sie mich: „Was soll ich tun?" Ich schlug ihr vor, neben ihrem Stuhl niederzuknien, und lud sie ein, Gott in meinem Beisein zu beichten, was sie getan hatte. Als sie fertig war, legte ich ihr die Hand auf den Kopf und sprach ihr die folgenden Verheißungen der Liebe und Vergebung aus dem Wort Gottes zu, wobei ich ihren Namen einsetzte:

Fürchte dich nicht … denn ich habe dich erlöst;
ich habe dich bei deinem Namen gerufen; du bist mein!

Jesaja 43,1

... wenn deine Sünde auch blutrot ist, soll sie doch schneeweiß werden, und wenn sie rot ist wie Scharlach, soll sie doch wie Wolle werden.

Jesaja 1,18

Wenn wir ... aber unsre Sünden bekennen, so ist er treu und gerecht, dass er uns die Sünden vergibt und reinigt uns von aller Ungerechtigkeit.

1. Johannes 1,9

„Steh nur auf", sagte ich zu ihr. „Geh in Frieden nach Hause."

Als sie aufstand, strahlte ihr Gesicht, obwohl es noch nass war von Tränen.

„Bitte sagen Sie mir, Herr Pastor", fragte sie, „wie soll ich meinem Mann von dieser Sünde erzählen?"

„Von was für einer Sünde?", fragte ich.

„Von der Sünde, die ich gerade bekannt habe."

„Gott, unser Vater, erinnert sich an keine Sünde", sagte ich, während ich ihr die Tür aufhielt. „Und ich mich auch nicht."

„Ein reines Herz für einen neuen Anfang" war der Kernpunkt von Josh McDowells Jugendarbeit. Walter und ich haben diese innere Reinigung durch Buße und Vergebung in unserem persönlichen Leben erfahren, bevor wir 1952 in Mannheim heirateten:

Als Walter bereits sieben Semester Theologie studiert hatte und gerade mit einem evangelistischen Team Jugendveranstaltungen durchführte, wurde ihm klar, dass er selbst niemals diese Erfahrung der Buße und Vergebung gemacht hatte. Pastor Herbert Fuchs, der Leiter des Teams, gab ihm einen vorbereiteten Fragebogen und bat ihn, sich damit zu beschäftigen und die zehn Fragen, die darin gestellt wurden, schriftlich zu beantworten. Walter tat dies – es kostete ihn einige Stunden Nachtruhe, und er schrieb mehrere Seiten voll. Dann suchte er einen Mitarbeiter auf und bat um ein persönliches Gespräch. Dieses Gespräch, in dem Walter Gott im Beisein eines Glaubensbruders seine Sünden bekannte und dann die Absolution erhielt, veränderte Walters Leben und war das tiefste Geheimnis seines Wirkens. Schon am nächsten Tag stand ein junger Mann vor seiner Tür, der Walter darum bat, ihm gerade diesen Dienst zu erweisen, den er selbst am Tag zuvor in Anspruch genommen hatte.

Ich habe in Bezug auf Vergebung eine ähnliche Erfahrung gemacht. Ein Jugendleiter zitierte in einer Kleingruppe den Satz von Augustinus: „Wer Christus nicht über alles liebt, liebt ihn überhaupt nicht.“ Diese Worte trafen mich mitten ins Herz. Dasselbe passierte später, als ich die Fragen las, die Pastor Fuchs bezüglich des ersten Gebots formuliert hatte:

- *Welcher Mensch oder welche Sache ist dir wichtiger als Gott?*
- *Woran denkst du morgens als Erstes und abends als Letztes?*

Und auch die anderen Fragen beschäftigten mich sehr:

- *Mit welchen Menschen lebst du in einer schwierigen Beziehung?*
- *Gehört all das, was du in deinem Besitz hast, wirklich dir?*
- *Wen hast du in deinem Leben belogen?*
- *Gibt es Menschen, die du wegen ihres Äußeren, ihres Ansehens oder ihrer Gaben beneidest?*
- *Freust du dich, wenn du siehst, was andere erreicht haben, oder erfüllt es dich mit Bitterkeit?*

Ich war 25 Jahre alt und hatte über ein Jahr lang in Kamerun, Westafrika, als Missionslehrerin gearbeitet. Ich hatte schon herausgefunden, dass das größte Problem in Bezug auf die Mission der Missionar (oder die Missionarin) selbst war.

Ich hatte den starken Eindruck, dass keiner der Mitarbeiter in meinem Missionsteam mein Bedürfnis nach einem Seelsorger verstehen würde, bei dem ich mein Herz ausschütten könnte und der mir Vergebung zusprechen würde. Daher schrieb ich einen langen Brief an Walter, meinen Verlobten, der als Jugendpastor in Deutschland arbeitete. Es kostete mich viel Mut, ihm meine Antworten auf den „Fragebogen Gottes“ mitzuteilen. Zwei Wochen später erhielt ich einen langen Brief von ihm, in dem er mir schrieb, wie sehr er sich darüber freute, dass ich so ehrlich zu ihm gewesen war. Er schloss damit, dass er mir die Vergebung Gottes zusprach. Ich brauchte diese persönliche Erfahrung der Vergebung Gottes, bevor ich sie anderen Menschen verkünden konnte.

Vor einigen Jahren besuchte mich eine 80-jährige Diakonisse, die viele Jahre lang als Missionsschwester im Ausland gearbeitet hatte. Als wir eines Abends miteinander redeten, fragte sie mich, ob sie ihr Herz erleichtern und mir eine Sünde bekennen dürfte, die sie seit ihrer Jugend belastete. Sie war als Teenager aus Europa in die Vereinigten Staaten gekommen und hatte als Dienstmädchen für eine wohlhabende Familie gearbeitet. Dort hatte sie sich in den falschen Mann verliebt und war mit ihm intim geworden ... Sie hatte sich schuldig gefühlt, konnte jedoch niemanden finden, dem sie ihre Sünde bekennen und der ihr Vergebung zusprechen konnte. Wie dankbar war ich, dass ich gerade dies für sie tun durfte. Nachdem das geschehen war, war sie von tiefer Freude erfüllt und war bis zu dem Tag, an dem sie in ihre himmlische Heimat ging, eine strahlende Zeugin für ihren Herrn.

In seinem Tagebuch „Nachts bricht der Tag an“[5] schreibt Henri Nouwen: „Es fällt mir schwer, jemandem zu vergeben, der mich wirklich verletzt hat, besonders, wenn dies mehrmals geschehen ist ... Vielleicht ist der Grund dafür darin zu suchen, dass ich selbst nicht vollkommen überzeugt davon bin, dass mir vergeben wurde. Wenn ich von ganzem Herzen die Wahrheit annehmen könnte, dass mir vergeben wurde, dann wäre ich wirklich frei ... Ein Mensch, dem vergeben worden ist, vergibt. Darum sagen wir im Vaterunser: ‚... und vergib uns unsere

[5] Henri Nouwen: Nachts bricht der Tag an, © der deutschen Ausgabe: Herder Verlag, Freiburg, 1989

Schuld, wie auch wir vergeben unsern Schuldigern' ... Der lebenslange Kampf darum, die Vergebung wirklich anzunehmen, steht im Zentrum des christlichen Lebens." Es gibt nichts Giftigeres als solch eine „bittere Wurzel", sei es in meinem eigenen Herzen, in einer Familie oder in einer Gemeinde. Der erste Mord wurde begangen, weil Kain Abel gegenüber solch ein Gefühl der Bitterkeit empfand. Und welche verheerenden Folgen solche „bitteren Wurzeln" nach sich ziehen, führt uns die Situation, in der sich unsere Welt befindet, überdeutlich vor Augen.

... und seht darauf, dass nicht jemand Gottes Gnade versäume; dass nicht etwa eine bittere Wurzel aufwachse und Unfrieden anrichte und viele durch sie unrein werden.

Hebräer 12,15

Bitterkeit verletzt vor allem den bitteren Menschen selbst – sowohl in körperlicher als auch in seelischer und geistlicher Hinsicht. Darum dürfen wir unserer Bitterkeit nicht länger Raum geben und müssen sie durch positive Gedanken über die Menschen ersetzen, die uns verletzt haben. Wir müssen damit aufhören, ständig daran zu denken, was andere uns angetan haben, um auf diese Weise unsere Bitterkeit und unser Verletztsein zu rechtfertigen. Liebe ist nicht empfindlich. Liebe nimmt nicht alles persönlich. Liebe zieht keine Vergleiche. Neid und Begehrlichkeit sind zwei Sünden, die uns innerlich auffressen können.

Was ist die Lösung? Vergeben Sie! Ersetzen Sie Groll durch Freundlichkeit. Liefern Sie Ihre Gefühle Gott aus.

Vergebung bedeutet nicht, das Handeln des anderen gutzuheißen oder zu rechtfertigen. Vergebung bedeutet nur, dass *Sie* frei werden.

Wir alle kennen jene innere Stimme, die uns an unsere Fehler erinnert. Johan Hinderlie nennt sie den „inneren Richter“, der uns anklagt, indem er uns vor Augen führt, was wir in unserem Leben getan oder unterlassen haben. Frei werden wir nur, wenn wir Jesus begegnen, der getan hat, was wir mit unseren Anstrengungen nicht erreichen konnten: Er hat unsere Unreinheit von uns genommen und uns stattdessen seine Reinheit geschenkt. Das bedeutet, dass unser „innerer Richter“ keine Macht mehr über uns hat. Denn nun gilt: „Ich lebe, doch nun nicht ich, sondern Christus lebt in mir“ (Galater 2,20).

Dallas Willard spricht über den „freien Rhythmus der Gnade“[6] und meint damit, dass Gottes Gnade in unserem Leben frei fließen kann, wenn wir ihm gegenüber in bereitwilligem Gehorsam leben – nicht in dem sklavischen Gehorsam einer Dienstmagd, sondern dem respektvollen Gehorsam einer liebenden Braut.

Gnade und Vergebung stellen unsere Verbindung zu Gott wieder her. Aber das reicht noch nicht aus: Auch die Verbindung zu unseren Mitmenschen muss wiederhergestellt werden. Wir müssen Frieden haben mit den Menschen, mit denen wir zusammenleben.

Kürzlich hörte ich die Geschichte eines Pastors aus Ruanda, der im Rahmen einer internationalen Konferenz

---

[6] „unforced rhythm of grace“

von dem großen Leid berichtete, das in seinem Land durch den Konflikt zwischen Tutsis und Hutus verursacht wurde. Er tut nun einen Dienst, der es sich zur Aufgabe gemacht hat, Frieden und Versöhnung zu fördern. Durch das Wunder der Vergebung werden aus diesen erbitterten Feinden allmählich Brüder. Er zeigte mir ein Foto von der Witwe eines bedeutenden Regierungsmitgliedes. Diese Frau hatte im nationalen Fernsehsender davon berichtet, wie sie fähig geworden war, dem Mann zu vergeben, der ihren Ehemann getötet hatte.

Nun zu dem, was Lauren über das Thema Vergebung zu sagen hat.

Lauren schreibt:

... der dir alle deine Sünde vergibt ...

Psalm 103,3

Dieser Vers ermahnt uns, uns selbst – unsere Seele, wie David es ausdrückt – immer wieder an diese Wahrheit zu erinnern. Warum das so wichtig ist? Ich will Ihnen sagen, was meine Seele zu mir sagt: „Du hast das alles nicht verdient, so gut bist du einfach nicht. Deine Sünden schreien nach Gottes Strafe, nicht nach seinem Segen. Deine Schlechtigkeit richtet eine hohe, unüberwindliche Mauer zwischen dir und Gott auf. Deine Sünde treibt dich von Gott weg. Wenn man dich allein ließe, wärest du hoffnungslos verloren und würdest nie zurückfinden." Wenn meine Seele das zu mir sagt, fühle ich mich schrecklich elend und verlassen.

Jesaja hat bei seiner Vision im Tempel den Zustand, in dem wir Menschen uns befinden, zutiefst erfasst. Er sah den Herrn in seinem strahlenden Glanz. Er sah die Heiligkeit, die Majestät, die Allmacht und Herrlichkeit Gottes. Er sprach nicht über „den alten Herrn da oben“ oder den „großen Bruder“, als stünde er auf gleicher Stufe mit ihm. Was er sah und in tiefstem Herzen erfuhr, war nur eins: die Heiligkeit Gottes. Je länger er schaute, desto bewusster wurde ihm seine eigene Sündhaftigkeit, und die Kluft, die ihn von Gott trennte, wurde tiefer und tiefer. Er konnte nur ausrufen: „Weh mir, ich vergehe! Denn ich bin unreiner Lippen und wohne unter einem Volk von unreinen Lippen; denn ich habe den König, den HERRN Zebaoth, gesehen mit meinen Augen“ (Jesaja 6,5).

Nur wenn ich selbst erfahre, was Jesaja gesehen hat, kann ich wirklich begreifen, welchen Sinn und welche Bedeutung Jesu Kommen auf diese Erde hat. Dieses historische Ereignis überwindet die Mauer, überbrückt die Kluft zwischen dem heiligen Gott und mir sündigem Menschen. Christus nimmt meinen Ungehorsam und ersetzt ihn durch das weiße Gewand seiner Gerechtigkeit. Er trägt meine Schuld, denn „der Herr warf unser aller Sünde auf ihn“ (Jesaja 53,6).

Stellen Sie sich einen Menschen vor, der des Mordes angeklagt ist und vor Gericht steht. Obwohl alle Umstände auf seine Schuld hindeuten, ist der Angeklagte unschuldig. Als die Geschworenen von der Beratung zurückkommen, sagt ihr Obmann schlicht: „Nicht schuldig." Am nächsten Morgen verkünden die Schlagzeilen der Tageszeitung in fetten Buchstaben: „Freigesprochen!" Für den Angeklagten sind das die herrlichsten Worte, die er je gehört hat.

Diese Geschichte unterscheidet sich von meiner dadurch, dass dieser Mann tatsächlich unschuldig war, während ich zu Recht angeklagt bin, aber dennoch freigesprochen werde. Meine Schuld wird mir nicht angerechnet, denn „er vergibt mir alle meine Sünde". Darum habe ich allen Grund zu sagen: „Lobe den HERRN, meine Seele!"

Heutzutage benutzt man den Begriff Vergebung oft, ohne seine wahre Tragweite zu erfassen. Wie oft hört man die Worte: „Entschuldigen Sie bitte ...", und doch ist darin so wenig echte Reue enthalten. Es muss etwas geschehen, bevor wir aufrichtig um Vergebung bitten können: Wir müssen unsere Schuld eingestehen. In 1. Johannes 1,9 lesen wir: „Wenn wir aber unsre Sünden bekennen, so ist er treu und gerecht, dass er uns die Sünden vergibt und reinigt uns von aller Ungerechtigkeit."

Ich habe drei Jahre lang als Seelsorger in einem Zentrum für Drogenabhängige gearbeitet. Ein wichtiger Punkt des Rehabilitationsprogramms war die Umsetzung der zwölf Schritte der Anonymen Alkoholiker. Ich hatte den Eindruck, dass ich selbst erfahren musste, was diese zwölf Schritte bewirkten, damit ich das Programm wirklich verstand. Der vierte Schritt bestand darin, dass ich eine gründliche, ehrliche Bestandsaufnahme meiner selbst vollziehen und das Ergebnis schriftlich festhalten musste.

Der fünfte Schritt war dann, vor Gott und mir selbst und einem anderen Menschen meine Fehler aufrichtig zu bekennen. Der Seelsorger, in dessen Gegenwart ich dieses Bekenntnis ablegte, sagte nicht viel. Seine Aufgabe bestand darin, einfach zuzuhören und mir bei dieser Übung, die meine Seele reinigte, zu assistieren.

Ich habe fünfzehn Jahre lang als Pastor in einem Seniorenwohnheim gearbeitet. Eine liebe 90-jährige alte Dame stellte mir jedes Mal, wenn ich sie besuchte, dieselbe Frage: „Herr Pastor, ich habe nicht das Gefühl, dass Gott mir alle meine Sünden vergeben hat, denn es sind so viele. Was muss ich tun, damit Gott mich annimmt und mir Frieden schenkt?“ Meine Antwort war, dass niemand von uns irgendetwas tun kann, damit dies geschieht. Gott hat schon alles getan. Satan wirkt auf unsere Gefühle ein, damit wir zweifeln. Aber wir werden nicht durch unsere Gefühle gerettet, sondern durch das Wort Gottes, das uns ganz klar sagt: „... das Blut Jesu macht uns rein von aller Sünde“, und: „Wenn euch nun der Sohn frei macht, so seid ihr wirklich frei.“ Wir beteten miteinander, dass Gott ihr diesbezüglich Gewissheit und inneren Frieden schenken würde. Dann erteilte ich ihr die Absolution, denn wenn die Sünden bekannt worden sind, dann ist die Vergebung Gottes gewiss.

Wenn meine „vertikale“ Beziehung zu Gott in Ordnung ist, dann wird das zur Folge haben, dass auch die „horizontale“ Beziehung zu meinen Mitmenschen in Ordnung kommt. Auf diese Weise kommen Heil und Heilung in mein Leben. Ohne diese Erfahrung bleibt unser Leben bruchstückhaft und richtungslos, oberflächlich und ohne wirkliche Bedeutung. Vergebung wird im Wörterbuch definiert als „die bewusste Entscheidung, Groll, Zorn und Rachegedanken aufzugeben, die man einem anderen Menschen gegenüber hegt". Somit besteht der Schlüsselschritt darin, sich ganz bewusst von seiner Bitterkeit und allen etwaigen Racheplänen zu distanzieren.

Darum lehrt Jesus mich im Vaterunser zu beten: „Und vergib uns unsere Schuld, wie auch wir vergeben unsern Schuldigern." Was dies wirklich bedeutet, ist: Wenn ich bereit bin, meinem Bruder und meiner Schwester zu vergeben, dann bin ich auch dazu imstande, Gottes Vergebung anzunehmen. Walter Trobisch hat diese Wahrheit so gut in Worte gefasst: „Unsere Bereitschaft zu vergeben ist die Bedingung für Gottes Bereitschaft zu vergeben. Wer keinen Frieden mit seinem Nächsten hat, hat auch keinen Frieden mit Gott."

Ja, das Kreuz hat zwei Balken: einen, der nach oben weist zu unserem himmlischen Vater, und einen, der zur Seite weist und der ein Zeichen für Jesus und unsere Arme ist, die sich zu unseren Mitmenschen hin ausstrecken und die ganze Welt umschließen.

Der norwegische Schriftsteller Johan Bojer berichtet in seinem Buch „Der große Hunger"[7] von einem Mann, dessen kleines Kind von dem Hund seines Nachbarn totgebissen worden war. Rache konnte diesem Mann keine Be-

---

[7] Johan Bojer: Der große Hunger, © der deutschen Ausgabe: Verlag C. H. Beck, München, 1926

friedigung verschaffen; darum fand er einen besseren Weg, um sein Herz zu erleichtern. Als eine Hungersnot im Land herrschte und das Feld seines Nachbarn brachlag, da dieser kein Saatgut besaß, ging der Vater eines Nachts auf dessen Acker und säte Weizen aus. Dann erklärte er: „Ich bin gegangen und habe das Feld meines Feindes besät, auf dass Gott sich als der Lebendige erweise."

Lassen Sie uns von Herzen froh sein über die Art, wie Gott uns vergeben hat, und dadurch Kraft schöpfen, auch einander zu vergeben. Das ist wahre Vergebung!

W. M. Czamanske hat dies wunderbar in dem folgenden Gedicht zum Ausdruck gebracht. Mögen Sie durch seine Worte ebenso berührt und gesegnet werden wie ich!

Niemand, der seinen Nächsten hasst,
tut, was dem Herrn gefällt.
Wer schlecht zu seinem Bruder ist,
der lebt noch in der Welt.

Der Heiland, der die Schuld erlässt,
will auch, dass du vergibst,
den Nächsten achtest wie dich selbst,
wenn du das Leben liebst.

Darum bedenkt, was er uns sagt,
des' Tod uns führt zum Licht:
Was ihr dem Schwächsten habt getan,
das tatet ihr für mich.

Kapitel 4

Heilung

Ingrid schreibt:

... und heilet alle deine Gebrechen,
der dein Leben vom Verderben erlöst ...
Psalm 103,3b.4a

Heilung beginnt damit, dass wir zugeben, dass wir ein Problem haben, und diesem Problem ins Auge sehen. Etwas, das verleugnet wird, kann nicht geheilt werden. Jesus hat gesagt: „Die Gesunden bedürfen des Arztes nicht, sondern die Kranken“ (Lukas 5,31). Ein Psychotherapeut hatte das folgende Schild in seinem Wartezimmer aufgehängt: „Wissen Sie, wie Sie sich selbst am besten helfen können? Geben Sie zu, dass Sie Hilfe brauchen.“

Lauren und ich haben beide die Erfahrung gemacht, wie es ist, körperlich geheilt zu werden. Während ich das vorige Kapitel schrieb, kam Lauren blutend ins Haus gelaufen. Eine schmale Metallsäge, die er benutzt hatte, war beim Arbeiten abgerutscht und hatte einen tiefen Schnitt in seinem linken Zeigefinger hinterlassen. Wir fuhren sofort in die Ambulanz der Notaufnahme, wo ein geschickter Chirurg den Schnitt nähte. Nun, nach drei Wochen, können wir nur staunen, wie gut der Finger geheilt ist. Er ist vollkommen wiederhergestellt. Er ist wieder „ganz“ und „heil“, und das ist es ja, was „geheilt“ im eigentlichen Wortsinn bedeutet.

Wir haben beide das Wunder erlebt, uns von schweren Operationen zu erholen, aber die vielleicht bedeutendste Heilungserfahrung, die uns zuteilwurde, war die Heilung unseres inneren Schmerzes. Schmerz ist der Preis, den wir für die Liebe bezahlen. Hier unsere Geschichten:

Mein Schmerz begann, als ich meinen irdischen Vater verlor. Seit jenem Tag im Jahr 1942, als er sich in einer stillen Straße in Springfield von mir verabschiedete, hielt ich nach ihm Ausschau. Ich war damals sechzehn, und er war auf dem Weg zurück nach Afrika. Dort starb er ein Jahr später, mitten im Zweiten Weltkrieg. In meinem Herzen war ein tiefes Loch – ein Loch voller „Vater-Hunger“.

Ich konnte mich gut mit der Geschichte meiner „großen Schwester“ Annette Steimer identifizieren. Ihre und meine Eltern waren damals in Tansania Kollegen in der missionarischen Pionierarbeit gewesen. Sie war erst fünf Jahre alt, als ihr geliebter Vater für ein paar Wochen von zu Hause wegfuhr, um die Evangelisten jenes Distriktes zu besuchen. Jeden Tag fragte sie ihre Mutter: „Wann kommt Papa wieder nach Hause?“ Geduldig erklärte ihre Mutter ihr, dass er wieder zu Hause sein würde, wenn zwei Sonntage vergangen wären, und zeigte Annette den Tag auf dem Kalender. Schließlich hielt die Kleine es nicht länger aus. Sie beschloss, sich selbst auf die Suche nach ihm zu machen. Sie nahm den Pfad in den Dschungel, den sie ihn hatte einschlagen sehen. Er war auf einem

Esel geritten, und seine treuen afrikanischen Träger hatten ihn begleitet. Annette ging tapfer voran, aber nach einer Stunde wurde sie sehr müde und durstig. Ihr wurde bewusst, dass sie ganz allein war in einer fremden Welt. Es gab sogar wilde Tiere in diesem Dschungel. Aber sie hatte keine Angst. Sie wollte nur ihren Vater finden.

In diesem Moment blickte sie auf und sah, wie er ihr auf seinem Esel entgegenkam. Ihr Vater konnte nicht glauben, was er da erblickte – seine kleine Tochter, die unter einer afrikanischen Magnolie auf ihn wartete. Er hob sie hoch und ließ sie vor sich auf dem Esel sitzen, während sie zurück zur Missionsstation ritten.

Inzwischen hatte Annettes Mutter ihre Abwesenheit bemerkt und die Männer des Dorfes ausgeschickt, damit sie nach ihr suchten. Sie schwärmten in alle Richtungen aus und riefen dabei fortwährend ihren Namen. Ihre Mutter war außer sich und schimpfte vor Erleichterung, als sie ihre müde, aber triumphierende kleine Tochter und ihren Ehemann sah, der zwei volle Tage, bevor sie ihn erwartet hatte, zurückgekehrt war.

Ebenso wie die kleine Annette sich allein in den Urwald begeben hatte, um nach ihrem Vater zu suchen, suchte auch ich nach meinem fehlenden Vater. Manchmal fand ich ihn, vor allem, wenn ich die Tagebücher von seinen Missionsreisen las und dann über dieselben Straßen in Kamerun fuhr. Oder wenn ich über jene Dörfer im Tschad flog, von denen ich wusste, dass er es damals kaum hatte erwarten können, dort endlich seinen Dienst als Missionar anzutreten.

Vierzig Jahre nachdem ich meinen Vater zum letzten Mal gesehen hatte, kehrte ich nach Springfield zurück, wo ich meine Kindheit verbracht hatte. Mein ältester Sohn Daniel sagte zu mir: „Erwarte nicht, dass du deinen Vater wiederfindest, wenn du nach Springfield zurückgehst." Aber ich fand ihn, als ich seine kostbaren Bücher aus den Kartons holen und auf meine Bücherregale stellen konnte. Ich fand ihn, als ich seinen Namenszug las und die ordentlichen roten Unterstreichungen, mit denen er wichtige Abschnitte in seinen Lieblingsbüchern markiert hatte.

Ich begegnete ihm auch in meinen fünf Brüdern, meinen Söhnen und Neffen – und nun begegne ich ihm in meinen Enkelsöhnen. Doch vor allem bin ich von meinem „Vater-Hunger" durch die Beziehung geheilt worden, die ich zu meinem himmlischen Vater habe. Denn er ist der perfekte Vater, der, der immer für uns da ist und uns bedingungslos liebt, egal, was wir getan haben. Im Gegensatz zu unseren irdischen Vätern begeht er keine Fehler. Auch hat er immer für uns Zeit und ist zur Stelle, wenn wir ihn brauchen. Besonders Männer scheinen häufig eine tiefe Sehnsucht nach einem Vater zu haben. Mein Freund Gordon Dalby schreibt in seinem Buch „Father and Son":

„Ich habe entdeckt, dass hinter jedem Anzug, hinter jedem Overall, hinter jedem Sporttrikot das verwundete Herz eines Jungen steckt, der sich nach seinem Vater sehnt. Väter gehen nicht auf ihre Söhne zu, weil *ihre* Väter das niemals getan haben. Jesus ist gekommen, um unsere Beziehung mit dem Vater wiederherzustellen. Das heißt, er will Männer, die seit Generationen verlassen und vaterlos waren, daran erinnern, dass sie geliebte Söhne sind. Wie viele Männer können heute wie Jesus sagen: ‚Ich und der Vater sind eins?'"

Wenn ein Mann nie eine gute Vaterbeziehung erlebt hat, dann projiziert er diesen Mangel möglicherweise auch auf die Frauen in seinem Leben. Vielleicht ist ihm gar nicht bewusst, wie er sie verletzt und am ausgestreckten Arm verhungern lässt. „Satans mächtigste psychologische Waffe ist, in uns ein ‚Bauchgefühl' von Unterlegenheit, Nichtgenügen-Können und Wertlosigkeit zu säen. Mangelnde Selbstachtung lähmt unser Potential, zerstört unsere Träume, zerstört unsere Beziehungen und sabotiert unseren geistlichen Dienst", schreibt der Autor David Seamonds.

Ich bin sehr dankbar, dass ich einen Vater hatte, der mich bestätigt hat. So war es nur ein kleiner Schritt für mich, die Liebe und Annahme zu begreifen, die mein himmlischer Vater mir entgegenbringt.

Mein jüngster Bruder David war erst vier, als sein Vater in Tansania starb. David hat zwei Berufsausbildungen gemacht: Er ist Maler (Anstreicher) und Masseur. Eines Tages, als ich bei ihm zu Besuch war und er gerade meinen Rücken massierte, fragte er mich: „Hat Mutter eigentlich jemals getrauert?"

„Vielleicht schon, aber sie war immer sehr verschlossen", antwortete ich. „Ich erinnere mich nur daran, wie sie uns älteren Kindern sagte, unser Vater sei ein Held gewesen und er würde nicht wollen, dass wir weinten. Wir sollten seinen Tod auf dem Missionsfeld als den Tod eines Soldaten im Kampf betrachten."

„Hast *du* jemals getrauert?“, fragte David mich dann.

„Ich habe dreißig Jahre gebraucht“, sagte ich, „bis ich um unseren Vater weinen konnte.“

„Und wie war es bei dir?“, fragte ich ihn. Mein Bruder gab zu, dass er nicht um einen Vater geweint hatte, an den er sich kaum erinnern konnte.

„Eines Tages massierte ich einen meiner Patienten, einen älteren katholischen Priester“, sagte er. „Als meine Hände über seine Rückenmuskeln glitten, dachte ich, das hätte mein Vater sein können. Mir schossen die Tränen in die Augen, und ich konnte um den Vater weinen, den ich kaum erlebt habe.“

Wenn die Fähigkeit zu trauern unterdrückt wird, dann damit oft gleichzeitig auch die Fähigkeit zu lieben.

Madeleine L'Engle

Nach der Massage umarmte David mich sanft und lud mich ein, ein Honigbier mit ihm zu trinken.

Kurz nachdem Walter und ich 1953 unsere Arbeit in Kamerun begonnen hatten, verloren gute Freunde und Kollegen von uns, Cliff und Lillian Michelsen, ihre beiden kleinen Kinder Priscilla und Markus. Sie starben an zerebraler Malaria. Damals gab es in unserem Gebiet keinen Missionsarzt. Die Krankheit dauerte nur ein paar Stunden, und die Kinder starben im Abstand von nur wenigen Wochen. Die Eltern waren tief gebeugt. Sie hatten spät geheiratet, und es bestand wenig Hoffnung, dass sie weitere Kinder bekommen würden. Aber da sie als typische Skandinavier beherrscht und willensstark waren, hatten sie gemeinsam beschlossen, dass sie nicht weinen würden, jedenfalls nicht vor anderen. Dadurch wollten sie ihren afrikanischen Geschwistern zeigen, dass es eine Hoffnung über das Grab hinaus gibt.

Dreißig Jahre nach dem Tod seiner Kinder schrieb Cliff mir einen Brief. Wieder und wieder hatte er „Allein leben lernen" gelesen, mein Buch über die Trauer. „Zum ersten Mal konnte ich um Priscilla und Markus weinen", teilte er mir mit. Zum ersten Mal war er bereit, den tiefen Schmerz in seinem Innern zuzulassen und zu empfinden.

Heilung braucht Zeit. Die Heilung tiefer Verletzungen lässt sich mit dem Schälen einer Zwiebel vergleichen. Im Markusevangelium wird berichtet, wie Jesus dem Blinden, der ihn gebeten hatte, ihn zu heilen, die Frage stellte: „Siehst du etwas?" Der Blinde blickte auf und sagte: „Ich sehe die Menschen, als sähe ich Bäume umhergehen." Daraufhin legte Jesus ihm noch einmal die Hände auf die Augen. „Da sah er deutlich und wurde wieder zurechtgebracht, so dass er alles scharf sehen konnte" (Markus 8,23-25). Hier sieht man: Die Heilung des Blinden vollzieht sich in mehreren Schritten. Er ist nicht sofort vollkommen geheilt, sondern Jesus legt ihm zwei Mal die Hände auf. Wir müssen Geduld haben und verstehen, dass vieles nicht von einem Augenblick auf den anderen passiert.

Nach meiner 27-jährigen engen Ehe mit Walter kam der Augenblick, in dem ich mich von ihm verabschieden musste. Unvermittelt war er in unserem kleinen Heim in Österreich an Herzversagen gestorben. Meine Welt kam an jenem Tag zum Stillstand. Ich begriff bald, dass ich meinen Mann nicht verloren hatte. Ich wusste, wo er war. Aber ich hatte mich selbst verloren. Ich wollte aufgeben, statt dem Schmerz ins Auge zu sehen.

Schmerz, der heruntergeschluckt wird, kann uns krank machen. Meine Trauer mit einem Pflaster zu überkleben, war auch keine Hilfe. Ich musste lernen, meinen Schmerz zum Ausdruck zu bringen. Gefühle sind weder richtig noch falsch. Sie sind einfach da. Aber ich musste aufpassen, dass ich nicht die roten Flaggen des Selbstmitleids, der Reue und der Schuld hisste.

Ich wusste, dass Selbstmitleid in einer Ehe wie Gift wirkt. Und noch gefährlicher ist es für Alleinstehende. Es ist ein Unterschied, ob man sich selbst bemitleidet oder echten, tiefen Schmerz über einen Verlust empfindet, den man erlitten hat. Reue ist eine ebensolche Sackgasse wie Selbstmitleid. Und wenn man sich mit Selbstvorwürfen quält, ist das, als würde man sich selbst verprügeln, um etwas, das geschehen ist, ungeschehen zu machen. Aber man ändert dadurch nichts – das Einzige, was man bewirkt, ist, dass man sich elend fühlt.

Auch mit tatsächlich vorhandener Schuld können wir nicht leben. Einige Wochen nach Walters Tod schrieb ich all meine schmerzlichen Erinnerungen und all das, was mein Gewissen belastete, nieder. Dann besprach ich es mit meinem geistlichen Vater. Ich musste allen Schmerz und alle Schuld, die ich angehäuft hatte, am Fuß des Kreuzes niederlegen und hören, dass mir Vergebung zugesprochen wurde. Erst dann konnte ich die tiefe Heilung erfahren, von der David in Psalm 103,3 schreibt.

Lauren schreibt:

... und heilt alle meine Krankheiten.
Er kauft mich vom Tode frei ...

Psalm 103,3b.4a (Neues Leben)

Das Wort „Krankheit“ stammt aus dem Mittelhochdeutschen „krancheit“; dies bedeutet „Schwäche, Dürftigkeit, Not, Leiden“. Der Duden definiert Krankheit als „körperliche, geistige oder seelische Störung, die an bestimmten Symptomen erkennbar ist“. Nicht nur unser Körper, auch unser Geist und unsere Seele können also erkranken. Ich bin mehrere Male krank gewesen, aber dank der richtigen Medizin und liebevoller Fürsorge bin ich geheilt worden. Ich habe jedoch eine weit umfassendere Heilung gebraucht, als ich nach 47-jähriger Ehe meine Frau verlor und lernen musste, allein weiterzugehen.

Ich möchte Ihnen gern von dem Weg erzählen, den ich gehen musste, und dem Tal, das ich durchschreiten musste, bevor ich diese Heilung erfuhr. Meine Frau Norma und ich haben geheiratet, als ich noch Theologiestudent war. Der Herr hat uns eine gesunde Familie geschenkt. 42 Jahre lang durfte ich als Gemeindepastor und Seelsorger für ihn tätig sein. Dieses Glück wurde plötzlich in Trauer verwandelt, als Norma ins Krankenhaus kam und nach nur zwei Wochen starb. Sie war vorher nicht krank gewesen. Wir waren schockiert, dass sie uns wegen einer Krankheit, von der wir noch nicht einmal wussten, so schnell verließ. In dieser Zeit befand sie sich während der meisten Stunden und Tage im Koma und konnte nicht mit uns sprechen. Unser Arzt sagte uns jedoch, dass sie uns hören und verstehen konnte. Das war unser Trost und auch unsere Vorbereitung auf den Abschied. Jeder von unserer Familie hatte Zeit, allein mit ihr zu sprechen und ihr seine Liebe und Betroffenheit mitzuteilen.

Wir beteten und schrien zu Gott um Heilung für ihren Körper. Ich wollte nicht wahrhaben, wie schlimm es um sie stand, und weigerte mich zu glauben, dass sie sterben würde. Als der Arzt sagte, dass ihre Lungen, die so weich und geschmeidig wie ein Luftballon sein müssten, nun wie Traktorreifen waren, wusste ich, dass es keine Hoffnung mehr gab. Die ganze Familie war in ihrem Krankenzimmer, als die Herzsignale auf dem Monitor zu einer geraden Linie wurden. Ihr Leben auf dieser Erde war zu Ende. Meine älteste Tochter sagte: „Lasst uns ‚Praise God, from Whom All Blessings Flow' singen!" Dieses Lied ist ein fester Bestandteil unserer Liturgie und wird oft am Ende eines Gottesdienstes gesungen. So stimmten wir gemeinsam jenen vertrauten Choral an:

Praise God, from whom all blessings flow,
Praise him, all creatures here below;
Praise him above, ye heav'nly host;
Praise Father, Son, and Holy Ghost.[8]

---

[8] Lobt Gott, von dem aller Segen fließt; lobt ihn, all ihr Geschöpfe auf Erden; lobt ihn, ihr himmlischen Heerscharen; lobt den Vater, den Sohn und den Heiligen Geist.

Wir empfanden es wirklich so, dass in diesem Augenblick des Verlustes und der Trauer der Himmel die Erde berührte. Trotz unseres Schmerzes konnten wir uns freuen über das neue, glückliche und unvergängliche Leben, in das Norma nun eingetreten war. Es war eine wunderbare Heimkehr für sie, und wir konnten beinah die Flügel der Engel hören, die sie in die himmlischen Wohnungen trugen.

Heilung ist möglich – das ist die Botschaft, die ich Ihnen mitteilen möchte. Was ich erlebt habe, werden wir alle zu irgendeinem Zeitpunkt unseres Lebens mitmachen. Damals war es mir nicht bewusst, aber der Heilungsprozess setzte sofort ein. Wir wuchsen als Familie viel enger zusammen. Unsere große Kirche war am Tag der Beerdigung überfüllt; das war für uns ein Zeichen der Liebe, die andere Menschen für Norma und unsere Familie empfanden. Die Lieder, die Predigt und die Gemeinschaft nach dem Gottesdienst waren uns so kostbar und bedeuteten uns so viel.

Als Pastor hatte ich im Laufe der Jahre vielen Menschen beigestanden, aber ich hatte den Tod nie so persönlich erlebt wie jetzt. Der Tod ist nicht schwer für den Gläubigen, der nach Hause geht – für ihn ist es der letzte Sieg, der sein Leben krönt. Was schwer ist, sind der Verlust und der Trennungsschmerz, die diejenigen erleben, die zurückbleiben. Dies war für mich der Anfang eines weiten Weges zurück zu seelischer und geistiger Gesundheit.

Etwas, das die Menschen oft vergessen, ist, die Beziehung mit Trauernden im Alltagsleben und im Gebet fortzusetzen. Ich habe in meiner Zeit der Trauer erfahren, was mir andere erzählt hatten: dass Freunde oft schon bald nach dem Begräbnis ihre Besuche und ihre freundschaftlichen Kontakte abbrechen. Die Leute scheinen nicht über einen geliebten Menschen sprechen zu wollen, den man verloren hat. Vielleicht haben sie Angst, auf diese Weise frische Wunden aufzureißen. Aber das Gegenteil ist der Fall: Wir *wollen* über die geliebten Menschen sprechen, denn es ist die Erinnerung an ihr Leben, die uns Tag für Tag aufrechterhält.

Lassen Sie mich Ihnen von einigen Freunden erzählen, die mich nicht vergessen haben, sondern eine wichtige Rolle bei meiner Heilung spielten. Elaine, eine liebe Freundin aus meiner ersten Gemeinde, war eine von ihnen. Sie und Norma waren eng befreundet. Als Norma starb, wandte sich Elaine an Ingrid und bat sie, mir ihr Buch über den Schmerz zu schicken. Ingrid tat es und schrieb eine ermutigende persönliche Widmung hinein. Das Buch „Allein leben lernen“[9] wurde für mich eine wunderbare Quelle der Weisheit und des Trostes. Wenn diese Freundin sich nicht die Zeit genommen hätte, dafür zu sorgen, dass ich es erhielt, wäre ein entscheidender Schritt auf meinem Weg zur Heilung vielleicht nie geschehen.

---

[9] Ingrid Trobisch: Allein leben lernen, © der deutschen Ausgabe: R. Brockhaus Verlag Wuppertal, 1996

Vincent war ein anderer Freund, der mir sehr geholfen hat. Wir wuchsen als Kinder zusammen auf und besuchten dieselbe Schule und dieselbe Kirche. Wir wurden gemeinsam zum Militärdienst eingezogen und gingen später auf dasselbe College. Eines Tages würde er sogar mein Schwager werden, denn er heiratete Ingrids Schwester Eunice. Auch er war Pastor. Er schrieb mir: „Deine Frau ist von dir gegangen, aber freue dich über die große Familie, die du besitzt, sowohl im Himmel als auch auf der Erde. Das Leben ist so kurz: Kaum sind wir aus der Schule gekommen, haben wir auch schon das College abgeschlossen und sind Großväter geworden. Unser beider Leben ist nicht mehr allzu lang, aber wir gehen mit demjenigen, der das Haupt der Gemeinde ist – mit Jesus, unserem Heiland."

Als Elaine mir Ingrids Buch schickte, setzte das ein anderes Ereignis in Gang, das viel zu meiner Heilung beitrug. Denn als ich Ingrid schrieb, um ihr für ihre freundlichen Worte zu danken, lud sie mich ein, an einem „Trauerseminar" teilzunehmen, das sie im *Mount Carmel Center* abhielt, nur 60 Kilometer von meinem Wohnort entfernt. Nachdem ich ihr Buch gelesen hatte, war dieses Seminar der krönende Abschluss meiner Trauerarbeit. Ich erwähne diese drei Personen, weil sie mir so sehr dabei geholfen haben, den Weg zu beschreiten, den ich zwar allein gehen musste, bei dem ich aber dennoch nicht allein gelassen war.

Samuel Taylor Coleridge hat einmal gesagt: „Freundschaft ist wie ein schützender Baum." Wahre Freunde sind eine Medizin, die alle möglichen Übel heilen, die uns treffen. Echte Freunde werden zu Meilensteinen auf unserem Heilungsweg – sie helfen uns, in unserem Herzen, unserer Seele und unserem Verstand zu gesunden. Und dies galt in besonderem Maße für Ingrids Freundschaft.

Wie bereits erwähnt, verbrachte ich meine letzten Dienstjahre als Pfarrer in einem Seniorenwohnheim. Gerade sechs Wochen vor Normas Heimgang wurde ich endgültig pensioniert. Ich hatte das Rentenalter schon längst überschritten und hatte oft zu ihr gesagt: „Ich sollte mich pensionieren lassen, damit wir mehr Zeit füreinander haben und mehr Dinge miteinander unternehmen können." Darauf hatte sie jedes Mal geantwortet: „Ach, du liebst deine Arbeit doch so sehr. Mach weiter, sonst weißt du ja gar nicht, was du mit dir selbst anfangen sollst." Bei dem Fest, das zu meiner Verabschiedung gegeben wurde, bekam ich Geschenke und viele freundliche Worte mit auf den Weg. Wenn wir gefragt wurden: „Was werdet ihr jetzt tun?", antworteten wir: „Wir werden uns unser wunderbares Land anschauen, denn ins Ausland sind wir im Laufe unseres Lebens oft genug gereist." All diese Pläne wurden nach nur sechs Wochen zunichte gemacht.

Im Laufe der nächsten Monate hatte ich den starken Eindruck, dass Gott mich in einen weiteren Dienst berief, aber ich war mir nicht sicher, was das sein könnte – ich dachte daran, vielleicht einen Vertretungsdienst in Gemeinden zu übernehmen, die vorübergehend keinen Pastor hatten.

Während der achtzehn Jahre, die Ingrid nun wieder in Springfield lebte, arbeitete sie vollzeitlich für die *Family Life Mission,* die Walter und sie in Afrika und Europa entwickelt hatten. Das Motto dieses Werkes ist „Hoffnung für die Familie“. Die *Family Life Mission* hilft Paaren und Alleinstehenden, in ihrer Beziehung zueinander und im Glauben zu wachsen und ihr Leben mit Gott und miteinander zu erneuern. Während ich Gottes Führung für einen möglichen weiteren Dienst suchte, lud mich Ingrid zu einem *Family-Life-Mission*-Seminar nach Springfield ein. Ich wurde durch diese Erfahrung sehr gesegnet und hatte den Eindruck, dass der Herr mich hierhin rief. Das hatte zur Folge, dass ich an weiteren Seminaren und Leiterschulungen in Springfield teilnahm. Auf diese Weise wurden Ingrid und ich noch engere Freunde.

Ich hatte sie schon fünfzig Jahre zuvor kennen gelernt, denn wir hatten dasselbe College besucht, wenn auch nicht zur gleichen Zeit. Sie hatte im College mit meiner Schwester und meiner zukünftigen Schwägerin zusammengewohnt und war eine gute Freundin meines älteren Bruders. Sie war bei seiner Hochzeit Brautjungfer und ich der Solotenor gewesen. Walter Trobisch lernte ich kennen, als er als erster deutscher Austauschstudent nach dem Krieg in unser Seminar aufgenommen wurde, und wir besuchten denselben Bibelkreis. Beide nahmen wir an Ingrids Aussendungsgottesdienst im Januar 1949 teil. So hatten sich unsere Wege schon auf vielfache Weise gekreuzt. Von einer Freundin der Familie war sie nun zu einer persönlichen Freundin geworden.

Sie half mir nicht nur, einen Weg zu finden, wie ich Gott weiter dienen konnte, sie half mir auch, die Leere in meinem Leben zu füllen. Ein Jahr lang schrieben wir einander Briefe. Ihre Worte des Trostes und der Weisheit segneten mich immer sehr. Es waren Sätze wie: „Gott erklärt uns unseren Verlust und unser Leid nicht – er fühlt mit uns." – „Lass den tiefen Schmerz zu." In einem Brief schrieb sie: „Heute Morgen, als ich die Losungen las, habe ich für dich gebetet. Der Text war: ‚Der HERR, euer Gott, zieht vor euch hin und wird für euch streiten' (5. Mose 1,30). Sie zitierte auch 2. Korinther 2,14: „Gott aber sei gedankt, der uns allezeit Sieg gibt in Christus und offenbart den Wohlgeruch seiner Erkenntnis durch uns an allen Orten!", und fuhr fort: „Er hat versprochen, unser Leben zu einem Triumphzug zu machen. Danke, dass du mir in diesen Monaten, seit wir uns wieder begegnet sind, ein Freund gewesen bist. Du hast mein Herz in einer Weise getröstet, von der du vielleicht gar nichts weißt. Darum schicke ich dir diese Karte von Dumas, einem französischen Schriftsteller, der gesagt hat: ‚Freundschaft bedeutet zu vergessen, was man gibt, und sich daran zu erinnern, was man empfängt.'"

Ich stellte fest, dass es mir in jenem ersten Jahr nach Normas Heimgang schwerfiel, Feiertage zu begehen und Jahrestage und Geburtstage zu feiern. Und ich machte die Erfahrung, wie wunderbar es ist, wenn man zu solchen Anlässen einen Gruß oder einen Anruf von jemandem erhält, der an einen denkt. Ingrid war zu jener Zeit eine wahre Freundin – aber nicht mehr als das!

Während meines zweiten Trauerjahres unternahm ich mehrere Fahrten nach Springfield, um dort zu lernen, selbst Seminare zu leiten. Meine Tochter begann zu fragen, warum ich diese über tausend Kilometer weite Fahrt so oft unternahm. Ich sagte ihr: „Ich tue es nur, um mich für meinen neuen Dienst vorzubereiten. Eins ist sicher: Ich werde nie wieder heiraten." Ich war von ganzem Herzen davon überzeugt und sagte dies mehr als einmal.

Aber der Herr hatte einen anderen Plan für mich, auch wenn ich davon zu jenem Zeitpunkt nicht die geringste Ahnung hatte. Denn meine Freundschaft mit Ingrid führte zu etwas noch Größerem. Hier geht es mir jedoch in erster Linie darum zu betonen, dass die Freundschaft, die viele Menschen mir erwiesen haben, viel zu meiner Heilung beigetragen hat – auch wenn es nicht zu meiner Hochzeit mit Ingrid gekommen wäre. Mein Wunsch und Gebet ist, dass es uns allen bewusster wird, welchen Beitrag wir dazu leisten können, dass andere Menschen Heilung finden.

Joni Eareckson, deren Buch „Spiel mir das Lied vom Himmel"[10] mir ebenfalls eine große Hilfe auf dem Weg zur Heilung war, zitiert im letzten Kapitel die Tochter ihrer Freundin Bonnie, die sagt: „Der Tod ist Satans letzter und äußerster Angriff, und er wird ihn so schrecklich machen, wie er nur kann [...] Aber Gott hat das letzte Wort. Auferstehung." Dann berichtet sie von Pam Rosewell, der

---

[10] Joni Eareckson Tada: Spiel mir das Lied vom Himmel. Was die Bibel über den Himmel sagt, © der deutschen Ausgabe: Hänssler Verlag, Holzgerlingen, 1999

Kameradin Corrie ten Booms, die an ihrem Bett saß, als sie alt war und mehrere Schlaganfälle erlitten hatte. „Corries Körper und Verstand waren nur noch ein Schatten ihres früheren Selbst, und Pam fragte sich, warum der Herr [...] Tante Corrie nicht endlich heimholte. Doch nach der Beerdigung ihrer älteren Freundin bemerkte Pam: ‚Jeder Tag, den sie lebte, war ein Sieg über den Teufel ... Er hätte sie lieber schon vor fünfzig Jahren in Ravensbrück sterben sehen, doch schon der bloße Akt des Lebens, ohne auch nur eine Sache zu tun, nur das Leben ein- und auszuatmen, war ein Triumph. Wenn ihre letzten Jahre keinen Menschen auf der Erde beeinflusst hätten und wenn der Herr sie nur aus dem einzigen Grund auf der Erde hätte bleiben lassen, um dem Fürsten in der Luft täglich schweigend zu verkünden: Jesus ist Sieger!, dann wäre dies in der Tat ein bedeutsames Schweigen gewesen.‘“

Es ist still geworden auf dieser Erde, weil Norma nach Hause gegangen ist. Aber meine Kinder und ich haben mehr Kraft bekommen, die Botschaft von Gottes Liebe weiterzutragen in der Zeit, die er uns noch schenkt. Es ist so, wie Joni in ihrem Buch schreibt: „Selbst die Erde wird sich aufbäumend krümmen in den letzten Geburtswehen vor dem neuen Himmel und der neuen Erde. Jeder Same – ob von Pflanze, Mensch oder Planet – muss sterben. Dann aber die Ernte.“

Kapitel 5

Liebe und Güte

Lauren schreibt:

... der dein Leben vom Verderben erlöst,
der dich krönet mit Gnade und Barmherzigkeit, ...
Psalm 103,4

Bevor Gott uns „mit Gnade und Barmherzigkeit krönen“ kann, muss er „unser Leben vom Verderben erlösen“. Dann erst krönt er uns mit Gnade und Barmherzigkeit. Dies zeigt Gottes unglaubliche Liebe zu uns. Obwohl wir es nicht verdient haben, sind wir für Gott doch etwas ganz Besonderes, seine geliebten Kinder.

Sogar Paulus, der sich immer so gut auszudrücken wusste, fehlten die Worte, um das Geschenk zu beschreiben, das Gott uns gemacht hat. Er sagt: „Gott aber sei Dank für seine unaussprechliche Gabe“ (2. Korinther 9,15). Diese sich ständig vertiefende Gewissheit der Liebe Gottes ist wie eine unaufhörlich sprudelnde Quelle, aus der die Liebe zu meinem(r) Lebenspartner(in), zu meiner Familie und meinen Freunden gespeist wird. Sie gibt mir auch die Kraft, Gott mit Freuden zu dienen. All dies sind weitere „kleine“ Geschenke aus der Hand desjenigen, der uns jene eine große, „unaussprechliche Gabe“ schenkt.

Martin Luther bringt das in seiner Erklärung zum ersten Artikel des Glaubensbekenntnisses („Ich glaube an Gott, den Vater, den Allmächtigen ...“) wunderbar zum Ausdruck:

> *Ich glaube, dass Gott mich geschaffen hat samt allen Kreaturen, mir Leib und Seele, Augen, Ohren und alle Glieder, Vernunft und alle Sinne gegeben hat und noch erhält [...] und das alles aus lauter väterlicher, göttlicher Güte und Barmherzigkeit, ohn' all mein Verdienst und Würdigkeit; des alles ich ihm zu danken und zu loben, dafür zu dienen und gehorsam zu sein schuldig bin.*
> *Das ist gewisslich wahr.*[11]

Ja, wir lieben, weil er uns zuerst geliebt hat. Wir sind nicht nur dazu verpflichtet, Gott zu danken, ihn zu preisen, ihm zu dienen und zu gehorchen, sondern auch dazu, unseren Nächsten zu lieben – jeden Menschen, den Gott geschaffen hat. Wir leben in einer Welt, die nach Liebe hungert. Und dadurch, dass wir von Gottes Liebe überreich beschenkt sind, wird es uns möglich, diese Liebe an andere weiterzugeben.

Ein neunjähriger Junge war besessen von der Idee, dass er eine Maschine sei. Joey schloss eine eingebildete Leitung an eine eingebildete Stromquelle am Tisch an.

---

[11] Dr. Martin Luthers kleiner Katechismus mit Erklärung, 22. Auflage, Helmut Korinth, Kunaustraße 5, 22393 Hamburg, o.J., S. 87f

Dann isolierte er sich selbst mit Papierservietten, bevor er zu essen begann. In seiner Phantasie brauchte Joey Motoren, Röhren und Transistoren, um durch den Tag zu kommen. Wenn er gestört wurde, explodierte er unvermittelt, schleuderte seine Röhren von sich und schrie: *„Kaputt, kaputt, kaputt!"*

Die Psychologen, die ihn behandelten, waren ratlos. Wie kam es, dass Joey so geworden war? Joeys Vater war Pilot der amerikanischen Luftwaffe; er war ständig unterwegs und hatte nicht die Zeit, seinem Sohn die Liebe und Zuwendung zu geben, die dieser brauchte. Seine Mutter hatte nicht viel für ihn übrig, und somit musste Joey ohne die Liebe und Wärme aufwachsen, die ein Kind benötigt, um sich gesund zu entwickeln. Weil seine Eltern ihm keine menschliche Wärme entgegengebracht hatten, lehnte er alle menschlichen Gefühle grundsätzlich ab. Stattdessen begann er sich für technische Geräte und Maschinen zu interessieren, und er kam zu der Überzeugung, dass Maschinen menschlichen Wesen überlegen sind. Aufgrund seines liebesleeren Lebens wurde der Junge sich selbst und seinen Mitmenschen zur Last. Er war innerlich völlig verhungert und ausgetrocknet. Als er von menschlicher Zuwendung erwärmt wurde, begann seine Begeisterung für technische Geräte zu verschwinden. Später schrieb er: „Gefühle sind wichtiger als alles andere unter der Sonne. Sind nicht auch wir Erwachsenen oft wie besessen von dem Zauber materieller Dinge, weil unser Leben liebesleer ist?"

Das Prinzip der Liebe war die treibende Kraft der Kirche im ersten Jahrhundert nach Christus. Ihre reinigende

Wirkung sorgte dafür, dass der Glaube und das Leben der frühen Christen stark und klar blieben. Petrus schrieb: „... habt euch untereinander beständig lieb aus reinem Herzen“ (1. Petrus 1,22). Solange wir uns jedoch nicht selbst angenommen haben und kein „Selbst-Wert-Gefühl“ besitzen, sind wir dazu gar nicht imstande – erst, wenn wir uns selbst lieben, sind wir fähig, unsere Brüder und Schwestern zu lieben.

Der Therapeut und Seelsorger David Carlson sagt: „Nach meinem Verständnis ist Selbstachtung die Bereitschaft, mich selbst nicht länger als Zentrum meiner Welt zu betrachten, sondern mich als ein liebenswertes, wertvolles, begabtes Geschöpf Gottes anzunehmen, dem Vergebung und Erlösung zuteil werden kann.“ Ist dies nicht die Liebe, die Jesus im Sinn hatte, als er sagte: „Du sollst den Herrn, deinen Gott, lieben von ganzem Herzen, von ganzer Seele und von ganzem Gemüt“, und dann fortfuhr: „Das andere aber ist dem gleich: Du sollst deinen Nächsten lieben wie dich selbst“ (Matthäus 22,37.39)? Beachten Sie, dass Jesus sagt: *„wie* dich selbst“, nicht: *„mehr als* dich selbst“. Erinnern Sie sich daran, dass David in unserem Psalm sagt: „Lobe den HERRN, meine Seele, und vergiss nicht, was er dir Gutes getan hat.“ Liebe ich denn meine eigene Seele, liebe ich mich? Selbstannahme, Selbstachtung bedeuten, dass ich *mich* liebe. Egoismus und Narzissmus bedeuten, dass ich *mein Ich* liebe. Sie bedeuten, dass ich auf mich selbst fixiert bin und nicht von mir ab- und zu anderen hinsehen kann. Narzissmus und Egoismus sind uns angeboren, echte Selbstachtung und

Selbstliebe müssen wir erst lernen. Gott sagt, dass ich wertvoll bin – ich bin ein Mensch, den er liebt, und er will, dass ich mich auch selbst liebe.

Wie kann ich nun lernen, mich selbst zu lieben und zu akzeptieren? Darauf gibt es nur eine Antwort: Ich muss mich selbst „lieben lassen", nicht nur von Gott, sondern auch von anderen Menschen. Ich muss mich selbst so akzeptieren, wie Jesus mich akzeptiert. Das ist nicht nur das Geheimnis, damit ein junger Mensch sich gesund entwickeln kann, sondern auch die wichtigste Voraussetzung dafür, dass wir als ältere Menschen ein erfülltes, fruchtbares Leben führen. Denn: „Wenn ich *mich* nicht lieben kann, kann ich auch *dich* nicht lieben."

Wenn die Liebe Gottes in mir lebt und ich gelernt habe, mich selbst in der richtigen Weise zu lieben, weil Gott mich liebt und mich dazu geschaffen hat zu lieben, dann zeigt sich das in unseren engsten zwischenmenschlichen Beziehungen, in unserer Ehe und unserer Familie. Über die Ehe heißt es an vier Stellen in der Bibel in nahezu identischen Worten: „Darum wird ein Mann Vater und Mutter verlassen und an seiner Frau hängen, und die zwei werden ein Fleisch sein" (Matthäus 19,5). Die Liebe zwischen Mann und Frau und zwischen Eltern und Kindern gehört zweifellos zu dem Schönsten und Erfüllendsten, was Gott für seine Kinder auf dieser Erde geplant hat.

Durch Gottes Gnade durfte ich vor vielen Jahren den Weg einschlagen, der mir diese Erfüllung schenkte: Er segnete Norma und mich mit einer glücklichen, 47-jährigen Ehe und mit wunderbaren Söhnen und Töchtern, über die wir uns von ganzem Herzen freuen durften. Er beantwortete unsere Gebete, denn er war das Haupt unserer Familie. Er schenkte uns so viel Liebe, dass wir genug hatten für alle Menschen, mit denen wir zu tun hatten.

Brennan Manning gibt in seinem Buch „Lion and Lamb“[12] ein wunderbares Bild einer solchen überfließenden Liebe:

Der Vater einer großen Familie unterhält sich mit seinem Nachbarn. Der Nachbar sagt: „Joe, es gibt da etwas, das ich dich schon lange einmal fragen wollte, wenn es nicht zu persönlich ist.“

„Klar, was möchtest du denn wissen?“

„Gibt es in deiner großen Familie jemanden, den du am liebsten hast? Den du mehr liebst als alle anderen?“

„Das ist eine leichte Frage“, sagte der Vater. „Ja, es gibt jemanden, den ich mehr liebe als alle anderen. Das ist Mary, meine Zwölfjährige. Sie hat eine Zahnspange und schämt sich deswegen so, dass sie gar nicht aus dem Haus gehen will.“

Dann überlegte er einen Moment und fuhr fort: „Aber du hast mich nach meinem Lieblingskind gefragt. Das ist Peter, mein 23-Jähriger. Seine Verlobte hat sich gerade von ihm getrennt, und er ist am Boden zerstört.“ Nach kurzem Zögern setzt er hinzu: „Aber wenn ich's mir recht überlege – ich glaube, derjenige, den ich am meisten liebe, ist der kleine Michael. Er hat die größten Schwierig-

[12] Brennan Manning: Lion and Lamb. The Relentless Tenderness, Chosen Books, Grand Rapids, 1986

keiten, seine Bewegungen zu koordinieren, und im Sport ist er eine totale Niete. Die anderen Kinder in der Schule machen sich ständig über ihn lustig." Doch der Vater ist immer noch nicht fertig. „Mein absoluter Liebling ist natürlich Susan. Sie ist schon ausgezogen, und sie ist gerade dabei, ein Alkoholproblem zu entwickeln ..."

Und schließlich begriff der Nachbar, dass der Vater das Kind am meisten liebte, das ihn am meisten brauchte.

Unser himmlischer Vater liebt uns in unserer großen Bedürftigkeit. Er liebt uns gerade so, wie wir sind. Unser Herr weist uns nicht zurück, wenn wir seinem Idealbild nicht entsprechen, sondern er sagt: „Ich weiß, dass du das Beste tust, was du kannst, und ich will dir helfen, es besser zu machen. Geh einfach vertrauensvoll an meiner Hand, ich werde dich Schritt für Schritt führen."

Als meine Frau Norma starb, hatte ich Schuldgefühle im Herzen. Hatte ich ihr und meiner Familie gegenüber versagt? Dann hörte ich seine Stimme: „Auch wenn du in der einen oder anderen Weise versagt hast – bei mir ist Vergebung. Ich kann heilen und wiederherstellen, und ich werde es tun." Er hat es getan, so dass mein Leben weitergehen konnte, aber auf eine andere Weise als bisher. Das war, als Ingrid in mein Leben kam. Da hat er mich von neuem „mit Liebe und Güte umgeben".

Im Oktober 1999 schrieb Ingrid diesen Brief an ihre Verwandten und Freunde:

Am 22. September haben Lauren Youngdale und ich uns verlobt, und nun trage ich seinen wunderschönen

Brillantring. Unsere Familien kennen sich schon seit über fünfzig Jahren, und wir sind seit einem Jahr „beste Freunde". Es ist diesen Monat zwanzig Jahre her, dass mein geliebter Ehemann Walter starb, und zwei Jahre, dass Laurens geliebte Frau starb. Lauren hat seinen Schmerz intensiv durchlebt und die notwendige Trauerarbeit geleistet. Wir wissen es: „Schmerz ist der Preis, den wir für die Liebe bezahlen."
Nun blicken wir in die Zukunft, und unsere Herzen sind überwältigt von der Freude, die vor uns liegt. Wir werden in der St. Mark's Cathedral in Minneapolis heiraten. Es wird nur eine kleine Feier sein mit fünfzig Gästen und unseren sechs Söhnen und sechs Töchtern als Trauzeugen. Pastor William Berg, der uns beide seit unserer Studentenzeit am Augustana College kennt, wird uns trauen. „Das ist der Herr", sagte er, als wir ihn anriefen, um ihm von unserer Verlobung zu erzählen.

Preist mit mir den HERRN und lasst uns miteinander seinen Namen erhöhen!

Psalm 34,4

Ganz liebe, frohe Grüße
Eure Ingrid

Nun sind wir schon das siebte Jahr verheiratet. Das Leben geht weiter, aber das bedeutet nicht, dass wir die Vergangenheit vergessen oder ignorieren. Wir freuen uns über unsere Vergangenheit und öffnen die Tür für zukünftige

Freuden und Segnungen. Ingrid und ich sprechen oft über unsere Ehepartner, die uns vorangegangen sind in die himmlische Heimat. Wir sagen beide, dass wir ohne sie, ohne ihr Dasein, ihre Führung und ihre Liebe, nicht die Menschen wären, die wir heute sind. Auf diese Weise verbinden sich Vergangenheit und Gegenwart zu einem harmonischen Ganzen, einem Leben unter dem ununterbrochenen Segen Gottes und zu seiner Ehre.

Vor kurzem habe ich über Matthäus 11,28-30 gepredigt: „Kommt her zu mir alle, die ihr mühselig und beladen seid; ich will euch erquicken.“ Jesus sagt uns in diesen Versen: „Meine Art zu leben ist leicht, denn sie ist motiviert von Liebe. Und was aus Liebe getan wird, geschieht gern und bereitwillig.“ Dies ist auch das Wichtigste bei einer Ehe. Die Liebe Jesu fließt in unsere Liebe hinein; sie erfüllt uns ganz und fließt durch uns hindurch zu unseren Angehörigen, unseren Freunden und allen Menschen, mit denen wir in Berührung kommen.

Lassen Sie uns nun hören, was Ingrid zu diesem Thema zu sagen hat.

Ingrid schreibt:

... der dich krönet mit Gnade und Barmherzigkeit ...

Psalm 103,4b

In den englischen Bibelübersetzungen werden in diesem Vers für „Gnade“ die Worte „steadfast love“ (beständige

Liebe) oder „lovingkindness“ (liebevolle Freundlichkeit) verwendet. Sie bringen für mich am besten zum Ausdruck, wie Gottes Liebe ist. Immer und immer wieder habe ich im Laufe meines Lebens seine beständige Liebe erfahren. Diese unveränderliche Liebe ist der Wanderstab, auf den ich mich auf meinem Weg durchs Leben stütze. Bei meiner letzten Reise nach Deutschland bekamen mein Mann und ich jeweils ein Paar Nordic-Walking-Stöcke geschenkt. Ich benutze meine jeden Tag, und ich nenne den einen „beständige“ und den anderen „Liebe“. Weil ich weiß, dass Gott mich mit seiner beständigen Liebe liebt, kann ich diese Liebe an andere Menschen weitergeben, während ich auf dieser Erde „fröhlich meine Straße ziehe“.

Bernard von Clairveaux hat vor mehreren hundert Jahren geschrieben: „Wir finden Ruhe im Herzen derer, die wir lieben, und wir stellen denen, die uns lieben, in unserem Innern einen Ruheplatz zur Verfügung.“ Unser großer Ruheplatz ist das Herz des Herrn, der „Platz auf dem Felsen“ (2. Mose 33,21). Gott sagte einmal zu Mose: „Mein Angesicht wird mitgehen und dich zur Ruhe bringen“ (2. Mose 33,14).

Grace Kimathi, unsere afrikanische Mitarbeiterin in Kenia, beantwortet viele Briefe von jungen Leuten, die unsere Bücher gelesen haben.

„Was ist die am häufigsten gestellte Frage, die du beantworten musst?“, fragte ich sie einmal.

„Wie kann ich den Lebenspartner finden, der alle meine Träume erfüllt?“, antwortete sie.

„Und was schreibst du ihnen?“

„Ich schreibe ihnen: Eine Ehe kann unerfüllten Menschen keine Erfüllung bringen. Bemühe dich, selbst ein solcher Mensch zu werden, wie du ihn dir als Ehepartner wünschst.“

Es gibt nur eins, das schwerer ist, als allein zu leben, und das ist, mit einem anderen Menschen zusammenzuleben. Und nur ein Mensch, der gelernt hat, allein zu leben, ist wirklich fähig, mit einem anderen zusammenzuleben.

Dr. Theo Bovet, der Pionier der christlichen Eheberatung in Europa, begann seine Vorträge gewöhnlich mit der alarmierenden Feststellung: „Wenn Sie Schiffbruch erleiden wollen, ich meine, wirklichen Schiffbruch, dann heiraten Sie.“

Ein junger Afrikaner sagte zu mir, als er das hörte: „Das bedeutet, dass eine Ehe nichts für faule Menschen ist. Man muss hart arbeiten, wenn sie gelingen soll ...“

In seinem Buch „Ich liebte ein Mädchen“13 erklärt Walter seinem ehemaligen Schüler Francois den Unterschied zwischen leidenschaftlichem Verlangen und Liebe:

> Du schreibst: „Ich liebte ein Mädchen.“ Nein, mein Lieber. Du hast dieses Mädchen nicht geliebt; du bist mit ihr ins Bett gegangen – das sind zwei ganz verschiedene Dinge. Du hast ein sexuelles Erlebnis gehabt, aber was Liebe ist, hast du nicht erfahren. [...]

---

[13] Walter Trobisch: Ich liebte ein Mädchen. Ein Briefwechsel, Vandenhoeck & Ruprecht, Göttingen, 1968

Lass dir sagen, was „Ich liebe dich“ wirklich heißt: „Du, du, du. Du allein sollst es sein. Du hast den einzigen Platz in meinem Herzen. Du bist der Mensch, nach dem ich mich gesehnt habe, ohne den ich unvollkommen bin. Für dich will ich alles geben, hingeben, auch mich selbst. Für dich will ich immer da sein. Für dich will ich leben und schaffen. Auf dich will ich warten, gleich wie lange. Mit dir will ich immer Geduld haben. Dich will ich niemals zwingen, auch nicht mit Worten. Dir gegenüber will ich immer offen, aufrichtig, durchsichtig sein. Dich will ich behüten, beschützen, bewahren. Mit dir will ich alles teilen und erleben. Auf dich will ich immer hören. Ohne dich will ich nichts unternehmen. Bei dir will ich bleiben allezeit.“

Walter fährt fort:

Nein, du hast sie nicht geliebt! Liebe übernimmt Verantwortung für den anderen. Wo geliebt wird, heißt es nicht mehr „ich“, sondern „du“: „Ich bin für dich verantwortlich. – Du bist für mich verantwortlich.“ Miteinander stehen die Liebenden vor Gott und sagen nicht nur „ich und du“, sondern „wir“.
In der Ehe wird dieses Wir in der körperlichen Vereinigung besiegelt. Allein in der Ehe kann die Liebe zwischen Mann und Frau ganz zur Entfaltung kommen, denn sie braucht Beständigkeit und Treue. Wahre Liebe kann und wird niemals enden. In der Ehe, und nur

> hier, ist nun auch der Ort für den vollen Gebrauch deiner geschlechtlichen Kraft. Sie will dir helfen, deine Frau zu lieben. Sie will ein Ausdruck sein, durch den du ihr sagen kannst, wie sehr du sie lieb hast.[14]

Diese Wahrheiten gelten, gleichgültig, ob unsere Ehe schon lange besteht oder ob wir erst seit kurzem verheiratet sind. Thomas Moore schreibt:

> Körper und Geist müssen gleichsam eine Ehe miteinander eingehen. Der Schauplatz, an dem dies geschieht, ist die Kapelle unserer Seele. Entweder verbinden sie sich tagtäglich in allem, was wir tun, in all unseren Gedanken und all unseren Handlungen, oder sie gehen diese Verbindung überhaupt nicht ein. Wenn sie es nicht tun, dann erfahren wir unsere Sexualität nie als etwas, das unsere tiefsten Gefühle einschließt, und darum bleibt sie unvollständig und seelenlos.[15]

Es gibt Zeiten, zu denen die Sehnsucht nach sexueller Liebe nicht erfüllt werden kann. Das letzte Buch, das Walter vor seinem frühen Tod schrieb, trug den Titel „Mit unerfüllten Wünschen leben“.[16] Er hatte es eigentlich für

---

[14] a. a. O. S. 9f

[15] Thomas Moore: The Soul of Sex, Harper Perennial, New York, 1999

[16] Walter Trobisch: Mit unerfüllten Wünschen leben, © 1978 Editions Trobisch, Kehl/Rhein

Teenager geschrieben, aber auch ältere Menschen können mit diesem Problem konfrontiert werden. Darauf wurde ich während der Jahre meiner Witwenschaft gelegentlich von meiner ältesten Tochter hingewiesen: „Du musst dieselbe Kunst lernen, Mutter, die Vater in diesem Buch die jungen Menschen lehrte – die Kunst, trotz vieler unerfüllter Wünsche ein erfülltes Leben zu führen. Denk daran, was er in seiner Einleitung schrieb:

> In unserer Zeit gilt Frustration als etwas, das nicht wünschenswert ist und daher um jeden Preis vermieden werden muss. Dabei wird völlig übersehen, dass sie ein wichtiges Mittel zur Reife ist. Auf diese Weise gehen Kräfte verloren, die unbedingt notwendig sind, damit ein Mensch zu echter, tiefer Liebe fähig wird."

Ganz sicher trifft dies oft zu, wenn es um unser sexuelles Verlangen geht. Kürzlich sah ich ein Interview, das Joni Eareckson Tada, eine Querschnittgelähmte, dem Journalisten Larry King gab. Larry fragte Joni, wie es ihr möglich sei, eine sexuelle Begegnung mit ihrem Mann zu haben, obwohl sie vom Hals an abwärts gelähmt sei. Sie antwortete ruhig: „Sexualität ist viel mehr als eine Erfahrung, die sich auf die Geschlechtsorgane beschränkt. Und Liebe ist etwas viel Größeres und Umfassenderes als ein sexuelles Erlebnis."

Alle Symphonien bleiben unvollendet.

Karl Rahner

Die Liebe lebendig erhalten

Ich glaube, wir können kein Buch über unseren Glaubensweg im Alter schreiben, ohne über Sexualität zu sprechen. Die körperliche und die geistige Seite unseres Wesens sind gleichermaßen wertvoll vor Gott. Körper und Seele voneinander zu trennen ist eine der größten Ketzereien, die sich viele Christen heutzutage zuschulden kommen lassen. Walter und ich haben unser Leben damit verbracht, darüber zu schreiben, wie sich Gottes Liebe auswirkt in der Art, wie wir unser Mann- und Frausein und unsere Sexualität annehmen und ausleben – sei es, dass wir verheiratet, sei es, dass wir alleinstehend sind. Deshalb möchte ich diese Gedanken, die uns allen helfen, wenn wir älter werden, hier weitergeben. Theo Bovet hat einmal gesagt: „Es gibt nur zwei Sorten von Menschen: solche, die alt werden, und solche, die reif werden." Wie wir unsere Sexualität und unsere geschlechtliche Identität zum Ausdruck bringen, hat gewiss eine Menge mit unserer Reife zu tun.

Vor kurzem las ich einen Zeitschriftenartikel, der den Titel hatte: „Was tun Sie, wenn Impotenz Ihre Ehe belastet?" Als die Herausgeber der Zeitschrift auf ihrer Website eine Meinungsumfrage starteten, beantworteten 46 Prozent der Leser die Frage „Hatten Sie in Ihrer Ehe schon mit sexuellem Versagen zu tun?" mit Ja. Die anonym gebliebene Verfasserin des genannten Artikels berichtete darüber, wie sie es empfand, als in ihrer Ehe plötzlich kein Geschlechtsverkehr mehr möglich war. Ihr

Ehemann war impotent geworden, seit er Medikamente gegen seine Diabetes-1-Erkrankung und den damit einhergehenden schwankenden Blutzuckerspiegel einnahm. Im Alter von 46 Jahren konnte sie keinen sexuellen Verkehr mehr mit ihrem Mann haben. Sie schreibt: „Ich begann mich allmählich nicht mehr wie seine Frau zu fühlen, sondern wie seine Schwester." Sie durchlebte eine Zeit des Schmerzes, während der sie intensiv darüber trauerte, dass sie der Möglichkeit beraubt waren, sich körperlich zu vereinigen. Im Laufe der Zeit lernte sie, diesen besonderen Verlust zu akzeptieren. Dabei wurde sie getröstet durch Philipper 4,11-13: „... ich habe gelernt, mit jeder Situation fertig zu werden: Ich kann ... Überfluss erleben oder Mangel leiden. Denn alles ist mir möglich durch Christus, der mir die Kraft gibt, die ich brauche" (Neues Leben). Diese Verse wurden ihr Lied in der Nacht.

„Bedeutet Impotenz das Ende einer Ehe?", schreibt sie. „Die Antwort ist ein deutliches Nein." Sie hatte ihre Eltern beobachtet, als ihr Vater an Stauungsinsuffizienz litt.

„Meine Eltern gingen langsam durch den Flur in ihr Schlafzimmer. Dad hatte den Arm um Moms Schulter gelegt und stützte sich schwer auf sie. Mom hatte die Arme um seine Taille geschlungen, die so schmal geworden war, und den Kopf an seine Schulter gelehnt. Das ist jetzt Liebe, habe ich gedacht. Das ist Intimität, und das ist wunderschön. Es gibt ein Leben nach dem Sex. Durch Gottes Gnade wird unsere Liebe uns auch weiterhin Erfüllung schenken – durch eine tiefe, stille Freude."

Der katholische Priester Ronald Rolheiser schreibt in seinem wertvollen Buch „The Holy Longing“[17]:

> Diese Sehnsucht nach Verbundensein, wie sie nach Gottes Willen zwischen Mann und Frau besteht, birgt ein großes Energiepotential in sich. Wir müssen unterscheiden zwischen Sexualität und Geschlechtlichkeit. Sexualität und „Sex machen" ist nicht dasselbe. Zu gesunder Sexualität gehört, dass unser Leben reich ist an Liebe, Gemeinschaft, herzlichen familiären Beziehungen, Freundschaft, Zuneigung, Kreativität, Freude, Glück und Humor und dass wir fähig sind, von uns selbst abzusehen und uns einem Gegenüber zu öffnen.

Der Autor und Seelsorger Larry Crabb stellt fest, dass sexuelles Vergnügen, das nicht auch gleichzeitig unsere Liebe zu Gott und zueinander zum Ausdruck bringt, nicht mehr Befriedigung schenkt als Zuckerwatte. Und Thomas Merton erklärt: Dadurch, dass wir anerkennen, dass unsere Liebe zueinander nicht genügt, offenbaren wir gleichzeitig ihren wahren Adel und ihre Leben spendende Kraft. Er schreibt: „Eine gewisse Einsamkeit wird immer da sein. Wir können füreinander nicht genug sein, wir werden immer auf schmerzliche Weise unerfüllt, getrennt und irgendwie allein sein.“

---

[17] Ronald Rolheiser: The Holy Longing: In Search for A Christian Spirituality, Bantam Doubleday Dell Publishing Group Inc, New York, 1999

In der ersten Hälfte unserer Ehe

blicken wir nach außen,
entwickeln unsere Persönlichkeit,
treffen Entscheidungen über Beruf und Berufung,
streben nach stabilen Lebensumständen,
gehen Bindungen ein in Familie und Gemeide,
mit Freunden und Nachbarn,
erobern die Welt – oder möchten es tun –,
leben im Licht der aufgehenden Sonne.

In der zweiten Hälfte unserer Ehe

blicken wir nach innen,
streben nach Balance,
geistlichem und persönlichem Wachstum,
entdecken den Sinn des Leidens,
finden Vergebung für uns selbst und andere,
suchen unserer wahre Idenität,
leben im Licht der untergehenden Sonne.

Wie ist es mit all jenen Liebesbeziehungen, die nie Erfüllung fanden, weil Kriege und Trennung dies verhinderten? Ich denke an viele liebe Freundinnen in Deutschland, die ihr Leben lang allein blieben, weil ihre Ehemänner oder Verlobten im Zweiten Weltkrieg gefallen sind. Dennoch haben diese Frauen ein reiches, erfülltes Leben und öffnen ihre Häuser und Wohnungen anderen Menschen, damit diese Heilung finden.

In einem der letzten Briefe an seine Verlobte Maria von Wedemeyer schrieb Dietrich Bonhoeffer die folgenden leidenschaftlichen Worte: „Lass dir die Gedanken und die Unruhe von der Stirn streichen, lass dich fest in die Arme schließen und dich auf deinen Mund küssen und liebhaben."[18]

Woche für Woche, Monat für Monat stellen sich die beiden sehnsüchtig vor, wie sie eines Tages miteinander auf dem Sofa auf Pätzig sitzen (dem Anwesen von Marias Eltern) und sich bei der Hand halten. Ein immer wiederkehrendes Thema zieht sich in dieser Zeit durch Marias Briefe: „Gib nicht auf und verlier nicht den Mut, mein liebster Dietrich, nun wird es nicht mehr lange dauern."

Ein Mitgefangener erinnerte sich daran, dass Bonhoeffer nie müde wurde zu wiederholen:

„Keine Schlacht ist verloren, solange man sie nicht aufgegeben hat." Marias Hand blieb, ebenso wie vieles andere in seinem kurzen Leben, außerhalb seiner Reichweite. Dennoch konnte er ihr schreiben: „Vor allem wollen wir uns davor hüten, uns selbst zu bemitleiden; das wäre wirklich eine Lästerung Gottes, der es mit uns gut meint. Bei allem Schweren wollen wir mit Jesaja sagen: ‚Verdirb es nicht, es ist ein Segen drin'[19] ...."[20]

---

[18] Dietrich Bonhoeffer/Maria von Wedemeyer: Brautbriefe Zelle 92, Verlag C. H. Beck OHG, München, 1992, S. 191

[19] s. Jesaja 65,8

[20] Dietrich Bonhoeffer/Maria von Wedemeyer, a. a. O., S. 96

Eine der größten Bedrohungen wahrer Liebe ist die Pornografie. Sie kann sowohl für Männer als auch für Frauen zur Falle werden. Ein Mann hält vielleicht den Schein als anständiger, verantwortungsbewusster Mann aufrecht. Vielleicht ist er sogar ein Pastor. Innerlich jedoch zieht er seine Befriedigung nicht aus seinen zwischenmenschlichen Beziehungen oder aus seiner Leistung. Seine Fähigkeit, sexuelles Vergnügen zu empfinden – vom Schöpfer dazu gedacht, ihn an seine Frau zu binden –, reduziert sich stattdessen auf einen Moment vorhersagbarer Befriedigung. Weil die sexuelle Erregung, die die Pornografie ihm vermittelt, in seiner Erfahrung dem Gefühl seelischer Befriedigung am nächsten kommt und ein Vergnügen ohne Risiko ist, wird sie zum Zentrum seines Lebens. Die Lust kontrolliert ihn, er wird „sexsüchtig“.

Ich frage mich, ob die große Anziehungskraft, die Liebesromane, sogar christliche Liebesromane, auf viele Frauen ausüben, nicht auch eine Art „seelischer Pornografie“ ist. Es ist viel schwerer, sich um echte Kommunikation und eine tiefe seelische Beziehung mit seinem Partner zu bemühen, als billige Belletristik zu lesen.

Das Gegenmittel für diese Sucht besteht darin, „Paar-Energie“ freizusetzen – die sich multiplizierende Energie zweier Menschen, die als Mann und Frau in einer Ehe zusammengefunden haben. (Es gibt übrigens keine „Paar-Energie“ ohne „Single-Energie“.) Zwei Menschen können gemeinsam mehr erreichen als getrennt voneinander, vor allem, wenn sie wissen, dass sie als Mann und Frau nach dem Bildnis Gottes geschaffen worden sind.

Miteinander spiegeln sie seine Botschaft an die Welt wider. Wenn wir dies in vollem Umfang tun wollen, müssen sowohl die männlichen als auch die weiblichen Seiten unseres Wesens entwickelt werden. Zwei Menschen, die sich vereint haben, bilden miteinander ein drittes Ganzes – sie machen sozusagen zusammen nicht 200, sondern 300 Prozent aus. Und dies vervielfältigt sich im Laufe der Zeit noch, wenn Mann und Frau sich gegenseitig zugestehen, als Individuen zu blühen und zu wachsen. Eine Ehe ist harte Arbeit. Sie ist kein Lebensziel, sondern eine Reise. Um stark und gesund zu bleiben, brauchen beide Partner eine sichere, liebevolle Beziehung zu dem Gott, der beständige Liebe schenkt und die Quelle aller Kraft ist. Ohne diese innere Stärke wäre die Ehe wie ein Feuer, das angezündet wird und eine Zeit lang hell flackert. Wenn jedoch kein Holz, keine Kohle aufgelegt wird, dann brennt es rasch herunter, und übrig bleibt nichts als ein Aschenhaufen.

In seinem Buch „Setting Love in Order“[21] erzählt Mario Bergner die Geschichte seines Lebens. Er berichtet darüber, wie er seine wahre, geheilte sexuelle Identität fand, nachdem er viele Jahre lang einen homosexuellen Lebensstil praktiziert hatte. Gemeinsam mit seiner Frau Nancy hat er die Organisation *Redeemed Life Ministries* gegründet, die besonders im Bereich der Studentenmission tätig ist. Durch ihre Bücher, Vorträge und Seminare

---

[21] Mario Bergner: Setting Love in Order. Hope and Healing for the Homosexual, Baker Books, Grand Rapids, 1995

haben die beiden sowohl in Europa als auch in Amerika Tausende erreicht. Mario ist heute ein ordinierter Pastor der Episkopalkirche. Vor kurzem schrieb er mir folgenden Brief: „Ich habe deinen Rat befolgt, Ingrid. Vor Jahren hast du mir erzählt, wie du mit deinen Geschwistern darüber gestritten hast, wer von euch das Lieblingskind eures Vaters sei. Und dass er dann, wenn er von einer Reise zurückkam, immer eure Mutter als Erstes küsste und dass das eure Welt wieder in Ordnung gebracht hat. Wenn ich nach Hause komme, küsse ich Nancy immer als Erstes. Dann umarme ich alle meine vier kleinen Kinder in einer einzigen, schwungvollen Umarmung."

Ich war schon seit 21 Jahren verheiratet, als ich mein erstes Wochenendseminar für Verheiratete besuchte. Was ich dort lernte, war, dass ich meinen Partner nicht verändern kann. Ich kann nur mich selbst verändern. Christus liebt uns so, wie wir sind, aber bei ihm brauchen wir nicht so zu bleiben, wie wir sind – er möchte uns verändern und wartet nur darauf, dass wir uns von ihm helfen lassen.

Die drei Hauptquellen von „Single-Energie" und „Paar-Energie" sind Gnade (Vergebung), Hingabe (Verbindlichkeit) und Annahme. Alle drei werden uns in der sicheren Beziehung zu unserem liebenden Vater zuteil.

Jesus wurde einmal gefragt: „Wenn eine Frau siebenmal verheiratet war und alle ihre Männer sind vor ihr gestorben, wessen Frau wird sie dann nach der Auferstehung sein?" Jesus antwortete, dass wir nach der Auferstehung nicht mehr heiraten oder verheiratet sein werden. Ronald Rolheiser schreibt zu diesem Thema: „Was Jesus damit sagt, ist nicht, dass wir im Himmel zölibatär leben werden, sondern dass wir dort sozusagen mit allen verheiratet sein werden ... Der größte Schmerz des Menschen, den wir mit jeder Faser unseres Wesens spüren, ist, dass wir nicht mit jedem Menschen und allen Dingen völlig vereint sein können ... Entweder wir umarmen die Vielen durch den Einen (indem wir unsere Sexualität im Rahmen einer monogamen Ehe leben), oder wir umarmen den Einen durch die Vielen (indem wir ein Leben der Enthaltsamkeit führen). Jeder dieser Wege öffnet unsere Sexualität, so dass unsere Liebe alle Menschen einschließt. Wenn wir jedoch den Weg der Promiskuität wählen, werden wir letztlich niemanden wirklich lieben können.“[22]

Und welchen Platz haben unsere Kinder in all dem? Als ich einer Freundin von der Bürde der Verantwortung erzählte, die ich in meinem Herzen für jedes meiner Kinder empfinde, sagte sie zu mir: „Du bist nicht deine Kinder, Ingrid.“ Ebenso wie junge Erwachsene ihre Eltern verlassen müssen, wenn sie eine gesunde Ehe führen wollen, müssen auch Eltern ihre Kinder gehen lassen. „Diesem letzten Stadium der Elternschaft, wenn wir unseren Kindern die Verantwortung für ihr eigenes Leben übertragen, müssen wir uns zu irgendeinem Zeitpunkt alle stellen“, las ich in einem Buch des amerikanischen Autors Jan Adams. „Irgendwann begreifen wir, dass wir uns mit dem abfinden müssen, was wir bei der Erziehung unserer

---

[22] Ronald Rolheiser, a. a. O., S. 207

Kinder versäumt haben – mit dem, was wir ihnen nicht gegeben, nicht beigebracht, nicht gezeigt, nicht vergeben haben. Mit dem Lob, das wir nicht ausgesprochen haben ... Kinder brauchen vielleicht Jahre, um die Verantwortung für ihr eigenes Leben zu übernehmen und uns nicht länger die Schuld dafür zu geben, dass ihr Leben nicht vollkommen war."

Es gibt jedoch ein letztes Geschenk, das wir unseren Kindern mitgeben können. Sie können uns gegenüber nie die Elternrolle einnehmen, wie sehr wir auch im Alter auf ihre Hilfe angewiesen sein mögen. Aber wir können sie dazu einladen, unsere Freunde zu sein, die uns auf unserer letzten Wegstrecke begleiten. Ich hatte das Vorrecht, sowohl meiner Schwiegermutter als auch meiner Mutter beizustehen, als sie hilfsbedürftig wurden, und ich durfte bei ihnen sein, als sie starben. Diese beiden wunderbaren Frauen haben mir ein großes Geschenk damit gemacht, dass ich zusehen durfte, wie sie dem Tod, unserem letzten großen Feind, ins Auge sahen.

Kapitel 6

Zeit

Ingrid schreibt:

... der dich dein Leben lang mit seinen Gaben sättigt ...
Psalm 103,5 (Einheitsübersetzung)

In deinem Namen, Herr, geh ich nun,
auch heut' mein Tagewerk zu tun.
In Wort und Werk und allem Wesen
sei Jesus und sonst nichts zu lesen.

Ich beginne jeden Tag mit diesem alten Gebet. Ich möchte jeden einzelnen Tag meines Lebens voller Leidenschaft und Dankbarkeit leben. Wenn ER uns versprochen hat, uns mit beständiger Liebe und liebevoller Freundlichkeit zu krönen, wenn er uns mit Güte und Liebe umgeben will, dann möchte ich zu den Menschen gehören, die seine Gaben mit ausgestreckten Armen empfangen und in jeder Minute nach seinem Willen leben.

Vor einigen Jahren stand mir eine drastische Veränderung meiner Lebenssituation bevor, der ich voller Spannung entgegensah. Damals begann ich ein neues Tagebuch und gab ihm den Titel „Zu Seiner Zeit“. Heute möchte ich sozusagen einige Früchte dieses Tagebuches ernten und Ihnen weitergeben. Während ich die folgenden Gedanken niederschrieb, habe ich mit den Worten des Heiligen Benedikt gebetet, dass ich dazu imstande sein möge, „mit den Ohren meines Herzens“ zu hören.

Ich wuchs in einer Familie auf, in der es für fast alles eine festgesetzte Zeit gab: Essenszeit, Geschirrspülzeit, Geschichtenzeit, Musikzeit, Pflanzzeit, Erntezeit, Brombeerpflückzeit, Einmachzeit, Melkzeit, Getreidemahlzeit, Kleiderwaschzeit, Bügelzeit, Flickzeit, Draußenspielzeit, Papazuhörzeit, Zurkirchefertigmachzeit und – ja, sogar Babybadezeit. Und dann, als ich dreizehn Jahre alt war, kam für mich die Zeit, von zu Hause wegzugehen. Ich vertauschte mein Bett in den *Ozark Mountains* mit einem im Haus meiner Großmutter in Nebraska. Dort wurde meine Zeit nach einem neuen Plan geregelt, der Unterrichtsstunden am Gymnasium, Studienzeiten in der *Study Hall*[23] und Zeiten zum Erledigen der Hausaufgaben vorsah. Ich freute mich, wenn ich Freizeit hatte, und nutzte sie zum Lesen, zum Spazierengehen und zum Nähen.

Nun befinde ich mich in der „Zeit des Alters“. Wie C. S. Lewis einmal gesagt hat: „Wir sind im Grunde nicht für die Zeit geschaffen. Ein Fisch lebt im Wasser, und das macht ihm nichts aus, aber wir leben in der Zeit, und darunter haben wir ständig zu leiden. Der Mensch ist für die Ewigkeit geschaffen ...“

---

[23] einem „Stilleraum“, in dem die Schüler unter Aufsicht selbständig arbeiteten

Zeit, Geld und Sex sind vielleicht die drei größten Konfliktpunkte in einer Ehe. Und ob wir verheiratet sind oder nicht, wir müssen alle lernen, mit unserer Zeit umzugehen. Unser Leben mit unserem Ehepartner wird nicht gelingen, wenn wir nicht gelernt haben, als Einzelpersonen das Geschenk der Zeit sinnvoll und effektiv zu nutzen.

Wenn ich eine Stunde am Tag mit dem Herrn verbringe, dann sind das nur vier Prozent meiner Zeit. In dieser Zeit lese ich sein Wort, bete zu ihm und höre ihm zu. Ich brauche ein Notizbuch, ein Tagebuch, in das ich die Anweisungen eintrage, die er mir gibt, wenn ich mich zum Dienst melde. All dies braucht Zeit. Eine ältere Freundin ermahnte mich einmal, als ich ihr von meinem überfüllten Terminkalender berichtete: „Ingrid, der Teufel sagt immer ‚Los, vorwärts, beeil dich!', aber Gott sagt ‚Sei still!'" Der Teufel „hat große Wut, da er weiß, dass er nur eine kurze Zeit hat" (Offenbarung 12,12; Elberfelder Bibel).

Es ist tröstlich zu wissen, dass Gott Zeit hat, sowohl zum Säen als auch zum Ernten. Wir dürfen lernen, die Zeit zu nutzen – wir sollen sie nicht verschwenden, sie nicht totschlagen, sie auch nicht einfach nur irgendwie „ver-bringen". Nein, wir sollen unsere Zeit investieren! Zeit ist wie ein Bankkonto, das wir zu unserer Geburt erhalten. Wir können nichts auf dieses Konto einzahlen, wir können nur davon abheben. Die Gegenwart ist die einzige Zeit, die wir besitzen. Wenn wir unentschlossen sind, wie wir sie nutzen wollen, werden andere Menschen und äußere Umstände an unserer Stelle entscheiden. Der Dichter

Thoreau hat einmal geschrieben: *Pflück die Rose, wenn sie blüht, heut' noch ist sie rot, doch – ach, morgen, morgen schon! – vielleicht welk und tot.*

„Die Zeit ist ein kostbares Geschenk von Gott, so kostbar, dass er sie uns nur in kleinen Portionen zuteilt, die man Augenblicke nennt", hat die Schriftstellerin Amelia Barr einmal geschrieben. Vor allem, wenn ich auf Reisen bin, singe ich so gern dies wundervolle Lied der Skandinavierin Lina Sandahl:

Ach breite, lieber Heiland du, dein' Flügel über mich,
in guter und in böser Zeit vertrau' ich nur auf dich.
Sei du mein Teil und meine Kraft, mein Fels,
mein festes Schloss,
erhalte deine Gnade mir, lass niemals mehr mich los.

Gibt es irgendein Geheimnis, das uns hilft, unsere Zeit richtig zu nutzen? Ich denke an die drei Regeln, die mir mein Sohn David genannt hat, als ich ihn einmal bat: „Erzähl mir von deinen erfolgreichen Studenten! Was unterscheidet sie von denjenigen, die es nicht schaffen?" Er erzählte mir: „Die erfolgreichen Studenten nehmen sich die Zeit, regelmäßig zu essen, regelmäßig zu schlafen und ihr Zimmer regelmäßig zu putzen." Ich glaube, dieselben Regeln gelten auch für das Alter. Wenn einer dieser drei Punkte vernachlässigt wird, leidet der ganze Mensch.

Für mich ist es ganz wichtig, dass ich jeden Tag Zeit finde, um meine Seele zu nähren. Die stille Zeit der Begegnung mit Gott ist das Ruder, das unser Lebensschiff durch den Tag lenkt und uns bei den großen und kleinen Entscheidungen hilft, die wir fortwährend zu treffen haben. Diese Zeit mit Gott ist für mich absolut lebensnotwendig. Darüber hinaus brauche ich auch Zeiten, in denen ich mich einfach darüber freue, dass ich lebe: wenn ich Musik höre, die mich froh macht, aufbaut oder innerlich zur Ruhe bringt, oder wenn ich einen guten Roman lese, der meine „Glaubenswurzeln“ nährt (solche Bücher sind gar nicht so leicht zu finden). Es erfrischt mich, in mein Tagebuch zu schreiben. Ich mag es auch, dort etwas hineinzuzeichnen oder zu kleben, ein Foto oder vielleicht einen Zeitungsartikel. Das hilft mir, mich an wichtige Vorkommnisse zu erinnern und bestimmte Ereignisse in die richtige Perspektive zu rücken. Ich plane gern täglich mindestens eine Stunde dafür ein, um solche Dinge zu tun. Diese Stunde nenne ich meine „Stunde, in der ich feiere, dass ich lebe“.

Lasst uns das Alter wertschätzen und lieben, denn es ist voller Freuden, wenn wir es recht zu nutzen wissen.

Seneca

De Caussade, der vor etwa dreihundert Jahren einen großen geistlichen Einfluss auf den französischen Adel ausübte, schrieb ein kleines Buch mit dem Titel: „The Sacrament of the Present Moment“[24] (Das Sakrament des

[24] Jean-Pierre de Caussade: The Sacrament of the Present Moment; Harper, San Francisco, 1989

gegenwärtigen Augenblicks). Nach den Prinzipien, die er darin nennt, möchte ich jeden einzelnen Tag meines Lebens leben: das loslassen, was nicht wichtig ist, und mich auf das konzentrieren, was wirklich zählt, und dabei immer von Dankbarkeit erfüllt sein. Wenn ich in dem Bewusstsein lebe, dass ich von meinem himmlischen Vater geliebt werde, bin ich auch selbst dazu fähig, meine Mitmenschen zu lieben. Wenn ich einmal sterbe, möchte ich, dass meine Kinder von mir sagen können, was auch ich von meiner Mutter sagen konnte: „Sie hat ihr Leben gelebt."

Liebe und Zeit sind die beiden einzigen Dinge auf der ganzen Welt, die wir nicht kaufen können – wir können sie nur verschenken.

Gary Jennings

Es gibt Zeiten, in denen mein Leben hell und froh ist – wenn ich mich freue über die Malven im Spätsommer, über die Farbenpracht des Herbstes, über gute Nachrichten von irgendeinem Familienmitglied. Dann gibt es Zeiten, wenn der Weg trübe scheint und ich dennoch sagen kann: „Meine Zeit steht in deinen Händen, Herr. Ich vertraue dir von ganzem Herzen." Es gibt Winterzeiten, in denen ich nur kahle Äste sehe und die Stimme der Hoffnung verstummt ist, und dennoch mache ich weiter, mache weiter damit, weiterzumachen. Und dann hält die sanfte Melodie der drei „großen Bleibenden" Einzug in mein Herz – Glaube, Hoffnung und Liebe – und gibt mir Licht und Kraft für den nächsten Schritt.

Verlorene Zeit

Da Zeit das kostbarste,
weil unwiederbringliche Gut ist,
über das wir verfügen,
beunruhigt uns bei jedem Rückblick
der Gedanke etwa verlorener Zeit.

Verloren wäre die Zeit,
in der wir nicht
aus den gemachten Erfahrungen
gelernt, geschaffen, genossen
und gelitten hätten.

Dietrich Bonhoeffer

„Für das, was wir gern tun, nehmen wir uns auch die Zeit", schrieb meine Schwiegermutter mir einmal, als ich mich dafür entschuldigt hatte, dass ich nicht die Zeit gefunden hatte, ihr zu schreiben. Von Charles Colson, der mehrere Jahre lang als Chefberater für Richard Nixon tätig war, habe ich gelernt: „Vieles kann in den kleinen Zeitfragmenten und Zwischenräumen geschehen, die jeden Tag übrig bleiben und die die meisten Menschen ungenutzt fortwerfen." Was könnte man nicht alles erledigen, wenn man beispielsweise beim Arzt im Wartezimmer sitzt oder mit dem Bus fährt?

Meine erste bewusste Begegnung mit dem Phänomen Zeit hatte ich, als mein Bruder Carl geboren wurde. Eine

Schwester, die wir Tante Bessie nannten, zog zu uns, um meiner Mutter zwei Wochen lang behilflich zu sein. Mein Vater erklärte mir die sieben Wochentage, und ich lernte sie auswendig, als er sie mir auf dem Kalender zeigte. Nachdem es zweimal Sonntag, Montag, Dienstag, Mittwoch, Donnerstag, Freitag und Samstag geworden war, ging Tante Bessie wieder fort. Seitdem hatte ich einen Begriff von Zeit, der mich nie wieder verlassen hat. Je älter ich werde, desto schneller scheinen die Wochen und Monate zu vergehen. Tag für Tag räume ich meinen Schreibtisch auf, beantworte Briefe, bezahle Rechnungen, überprüfe meine Kontoauszüge ... Auch die Frau am Brunnen war mit ihrer alltäglichen Aufgabe beschäftigt, als Jesus ihr begegnete und zu ihr sagte: „Gib mir zu trinken!“ (Johannes 4,7). Oft habe ich, wenn ich meine Rechnungen bezahle, das Gefühl, dass Jesus ganz nah ist und zu mir sagt: „Wenn du eine Rechnung bezahlst, dann tu es in dem dankbaren Bewusstsein, dass dein Brunnen in all den Jahren nie ausgetrocknet ist. Je mehr du gibst, desto mehr kann ich dir geben. Folge mir einfach Schritt für Schritt. Ich werde dich nicht im Dunkeln gehen lassen.“

„Wenn alles seinen festen Platz hat, dann hilft dir das bei deinen täglichen Pflichten“, hat einmal eine Freundin zu mir gesagt. Ordnung ist ein großer Zeitsparer. Sie hilft uns auch den Raum zu schaffen, den wir für schöne Dinge benötigen. „Einen leeren Raum mit etwas Schönem zu füllen – das ist es, was Kunst für mich bedeutet“, sagt die Malerin Georgia O’Keefe.

Ein anderes Geheimnis auf dieser Reise ist die Sabbatruhe. Ruhe statt Stress ist das Geschenk, das Gott uns so gern geben möchte. Als Lauren und ich das Buch „Sabbath Keeping“[25] von Donna Schaper gelesen haben, hat uns das richtig aufgerüttelt. Sie beschäftigt sich in diesem Buch damit, was es bedeutet, den Sabbat zu halten. Hier ein kurzer Auszug:

> Tun Sie das, was Sie tun, mit ganzem Herzen. Seien Sie da, wo Sie sind ... Auch Entrümpeln ist eine Art, den Sabbat zu halten. Wir müssen das Gestern auskehren und weiterziehen. Entziehen Sie sich der Tyrannei des Dringlichen – entscheiden Sie sich stattdessen dafür, das wirklich Wichtige zu tun. Treffen Sie die bewusste Entscheidung, nicht jede freie Minute mit Arbeit zu füllen. Den Sabbat zu halten ist eine Lebensweise – nicht das Abarbeiten einer Liste. Kein „Ich muss“, sondern ein „Ich darf“. Unsere Zeit ist Gottes Zeit, und wir sind eingeladen, in ihr zu leben.

Es gibt Tage, an denen ich mich fühle wie ein „Wanderer fern der Heimat“. Ich fühle mich versucht, mich entweder in rastlose Aktivität zu stürzen oder mich von Passivität lähmen zu lassen. Der einzige Weg von quälender Tatenlosigkeit hin zu innerer Gelassenheit besteht darin, mich in die Arme meines liebenden Vaters zu werfen. In seinem

---

[25] Donna Schaper: Sabbath Keeping, Cowley Publications, Cambridge, MA 02138, USA, 1999

Buch „Diary of an Old Soul“[26] erinnert uns George MacDonald an diese Wahrheit:

Der Vater sitzt, er fragt sich, was du tust.
Der starke Mann ruft dich an seine Brust,
will küssen dich, dir streichen übers Haar,
dich zieh'n auf seinen Schoß, damit du ruhst.

Nun wollen wir hören, was Lauren zum Thema Zeit zu sagen hat.

Lauren schreibt:

Mein Leben lang gibt er mir Gutes im Überfluss ...

Psalm 103,5a (Hoffnung für alle)

„Mein Leben lang ...“, schreibt David. Während der Zeit, die Gott mir hier auf Erden zugemessen hat, möchte ich die Aufgaben erfüllen, die er für mich vorgesehen hat.

Mein Wörterbuch definiert Zeit folgendermaßen: „... unbegrenzte, unendliche Dauer, in der die Dinge, die geschehen, als vergangen, gegenwärtig oder zukünftig eingeordnet werden; jeder Augenblick, der jemals war oder jemals sein wird.“

---

[26] George MacDonald: Diary of an Old Soul, Augsburt Fortress Publishers, Minneapolis, USA, 1994

Ich finde das überwältigend. Was für ein wertvolles Geschenk ist es doch, dass wir als verantwortungsbewusste Verwalter über unsere Zeit verfügen dürfen – über jeden einzelnen Tag, über jede Stunde und jede Minute. Wir können diese wertvollen Momente nutzen, um dem Leben Wert und Erfüllung zu verleihen. Nicht nur unserem eigenen Leben – mit dem, was wir in der uns geschenkten Zeit tun, dürfen wir auch unseren Mitmenschen ein Segen sein. Dabei muss es sich gar nicht unbedingt um materielle Hilfe handeln, wie folgendes Erlebnis von Leo Tolstoi zeigt:

Der Dichter erzählt, wie er eines Tages auf der Straße einem Bettler begegnete, der ihm seine knochigen Finger entgegenstreckte, um ein Almosen zu empfangen. In Russland herrschte gerade eine große Hungersnot. Tolstoi hatte kein Geld bei sich, und er war betrübt darüber, dass er die Hoffnungen eines verhungernden Mannes geweckt hatte, ohne ihm helfen zu können. Er ergriff die Hand des Bettlers und bat ihn: „Vergib mir, Bruder. Ich habe nichts, was ich dir geben könnte."

Da erhellte sich das Licht des Bettlers. „Aber du hast mir doch etwas gegeben", lächelte er. „Du hast mich Bruder genannt."

Alles hat seine Zeit

Im dritten Kapitel des Buches Prediger schreibt Salomo über die Zeit:

> *Ein jegliches hat seine Zeit, und alles Vorhaben unter dem Himmel hat seine Stunde:*
> *geboren werden hat seine Zeit, sterben hat seine Zeit;*
> *pflanzen hat seine Zeit, ausreißen, was gepflanzt ist, hat seine Zeit;*
> *töten hat seine Zeit, heilen hat seine Zeit;*
> *abbrechen hat seine Zeit, bauen hat seine Zeit;*
> *weinen hat seine Zeit, lachen hat seine Zeit;*
> *klagen hat seine Zeit, tanzen hat seine Zeit;*
> *Steine wegwerfen hat seine Zeit, Steine sammeln hat seine Zeit;*
> *herzen hat seine Zeit, aufhören zu herzen hat seine Zeit;*
> *suchen hat seine Zeit, verlieren hat seine Zeit;*
> *behalten hat seine Zeit, wegwerfen hat seine Zeit;*
> *zerreißen hat seine Zeit, zunähen hat seine Zeit;*
> *schweigen hat seine Zeit, reden hat seine Zeit;*
> *lieben hat seine Zeit, hassen hat seine Zeit,*
> *Streit hat seine Zeit, Friede hat seine Zeit.*
>
> *Prediger 3,1-8*

Als kleiner Junger habe ich ein Lied gelernt, das folgendermaßen lautete:

Our times are in Thy hand,
Father, we wish them there!
Our life, our souls, our all we leave
Entirely in Thy care.[27]

Für mich bedeutete dies, dass alle Zeit in Gottes Händen ist und dass wir sicher und geborgen sind, wenn wir uns ihm anvertrauen.

Uns allen steht dasselbe Zeitquantum zur Verfügung: sechzig Sekunden pro Minute, sechzig Minuten pro Stunde und vierundzwanzig Stunden pro Tag. Innerhalb dieser Zeit leben wir unser Leben – entweder in Frustration, Angst und Not oder voller Freude, Glück und Erfolg.

Man soll, was man kann.
Dorothea von Zinzendorf

Wie wir mit unserer Zeit umgehen, ist auch eine der größten Herausforderungen unserer Ehe. Ich bin wie Eleanor Roosevelt, die einmal gesagt hat: „Wenn ich etwas zu tun habe, dann tue ich es einfach." Ich springe nicht gern im Zickzack von einer Aufgabe zur nächsten, ohne irgendeine von ihnen zu Ende zu bringen. (Ingrid meint hierzu: „Vielleicht müssen wir Frauen gerade dies lernen: von einer Aufgabe zur nächsten zu springen. Wir haben selten große Zeiträume zur Verfügung, aber wir können jenen ersten Schritt tun,

[27] Unsere Zeit steht in deinen Händen, Vater, dort soll sie sein. Unser Leben, unsere Seelen, alles, was wir haben, vertrauen wir dir vollständig an.

und wenn erst einmal ein Anfang gemacht ist, fällt es uns das nächste Mal gar nicht mehr so schwer, diese Arbeit wieder aufzunehmen.“)

Ein Rationalisierungsfachmann besichtigte einmal die Fabrik von John Deere, in der ich während meiner Studentenzeit als Teilzeitkraft beschäftigt war – eine Firma, die Landwirtschaftsmaschinen herstellt. Der Experte trat zu den Schreibtischen verschiedener Bürokräfte und bat jeden dieser Mitarbeiter, ihm zu sagen, was er an diesem Tag getan hatte. Jeder zeigte ihm die Projekte, an denen er gearbeitet hatte. „Das interessiert mich nicht“, sagte er. „Ich will sehen, welche Arbeit Sie heute fertig gestellt haben.“ Dann setzte er hinzu: „Wenn Sie produktiver werden möchten, dann entscheiden Sie jeden Morgen, welches Projekt Sie an diesem Tag so weit abschließen wollen, dass Sie es an den Mitarbeiter weitergeben können, der für den nächsten Arbeitsschritt zuständig ist.“

Es gibt kaum etwas Frustrierenderes, als Dinge hinauszuschieben. Ist Ihnen jemals bewusst geworden, dass das Hinausschieben – das Verschieben einer Aufgabe, die Sie heute erledigen sollten, auf morgen – möglicherweise eine versteckte Form von Perfektionismus ist? Ich habe kürzlich gelesen, dass es viele Menschen gibt, auch in Deutschland, die so viel Zeit darauf verwenden, ihre Werkzeuge bereitzulegen und ihre Sensen zu schärfen, dass sie keine Zeit zum Einbringen der Ernte haben. Es reicht ihnen nicht, eine Arbeit 100%ig zu machen, es muss 150%ig sein. Wir nennen das „Overkill“. Das ist auch etwas, das ich selbst lernen muss: mich zu zügeln und zu erkennen, wann „gut genug“ gut genug ist. Das Geheimnis besteht darin, zu lernen, was ich tun muss und was ich lassen kann.

Als Alexander der Große nach Persien einmarschierte, schien ihm der Sieg sicher zu sein. Das Persische Reich stand kurz vor dem Zusammenbruch; allerdings gab es einen entscheidenden Moment, in dem die Geschichte einen anderen Verlauf hätte nehmen können: Alexanders Männer hatten ein enormes Ausmaß an Plündergut angehäuft und waren schwer beladen mit Beutestücken. Da befahl Alexander, all diese wertvollen Dinge auf einen Haufen zu werfen und in Brand zu stecken. Die Soldaten waren empört und voller Wut, bis sie begriffen, wie weise Alexanders Anordnung war. Denn da sie nun von ihren schweren Lasten befreit waren, waren sie viel beweglicher, und auf diese Weise gelang es ihnen, die Feinde zu besiegen.

So ist es auch für uns wichtig, dass wir uns nicht selbst unnötige Lasten aufladen, denn wenn wir „mit leichtem Gepäck“ unterwegs sind, fällt es uns leichter, die Zeit, die Gott uns geschenkt hat, optimal zu nutzen.

Während wir älter werden, lernen wir von neuem zu warten und geduldig zu sein – nicht nur mit anderen, sondern auch mit uns selbst. Der Autor Lewis B. Smedes definiert Geduld als „Zufriedenheit mit der Unzufriedenheit“. In seinem Buch „Standing on the Promises“[28] schreibt er: „Gott hat uns zu Reisenden gemacht. Wir sind

[28] Lewis B. Smedes: Standing on the Promises, Thomas Nelson Inc, Nashville, 1998

Menschen, die unterwegs sind, Pilger, die versuchen, auf ihrem Weg voranzukommen – nicht so sehr von einem Ort zum anderen, sondern von einer Zeit zur anderen."

In den nächsten fünf Minuten unseres Lebens gehorsam zu sein, bekommt im Alter sogar noch größere Bedeutung, wenn wir den Plan und die Aufgaben erfüllen wollen, die Gott für uns hat.

Nach Walters Tod fand Ingrid auf seinem Schreibtisch ein handgeschriebenes, unvollendetes Manuskript mit dem Titel: „Der missverstandene Mann"[29]. Er hat mit ihr mehr darüber gesprochen als über irgendein anderes Buch, das aus seiner Feder geflossen ist. In seinen Notizen zu einem Nachwort steht:

> Zum Erlöstsein gehört auch, dass man sich mit Vorläufigem bescheidet. Man ist froh, in die richtige Richtung zu gehen, auch wenn man das Ziel nie erreichen wird.
> Ich bin in der vorletzten Stunde des vorletzten Tages des vorletzten Monats im Jahr geboren. Das ist mir zu einer Wegweisung geworden und zu der Aufforderung, den Mut zu haben, mich in dieser vorläufigen Welt mit Vorletztem zu bescheiden.
> Auch in diesem Buch meine ich nicht, das Letzte über den Mann gesagt zu haben. Wer nur Letztes sagen will, schreibt nie.

---

[29] Dieses Buch war Walters Antwort auf mein Buch „Mit Freuden Frau sein".

In all unserem Tun gilt es – gerade in Bezug auf das, worauf wir zugehen –, Mut zum Vorletzten zu haben. Doch als Grund, auf dem wir stehen, von dem wir herkommen und aus dem heraus wir leben, darf uns nichts gut genug sein als das Letzte.
Christus ist die Wirklichkeit. Alles andere hat nur Schattendasein. Seine Liebe durchdringt uns und dringt über uns hinaus.

Während Ingrid und ich dies schreiben, beginnt es Herbst zu werden. Nun ist es unsere Aufgabe, nicht nur die Ernte einbringen zu helfen, sondern auch die Schönheit des Herbstes zu genießen. Die Blätter fallen. Das Obst ist gepflückt. Das Getreide ist geerntet. Es ist Zeit, zu ruhen und sich von der Liebe des Herrn erneuern zu lassen.

Komm, werde alt mit mir! Das Beste wartet noch:
der zweite Teil des Lebens, für den der erste war.
Unsre Zeit, sie ist in seiner Hand.

Er hat das Ganze schon geplant,
von dem die Jugend nur ein Teil –
vertraue Gott, hab keine Angst und nimm ihn an:
den zweiten Teil des Lebens, für den der erste war.
Unsre Zeit, sie ist in deiner Hand.

Robert Browning

Kapitel 7

Älter werden – jünger werden!

Ingrid und Lauren schreiben:

... der dich dein Leben lang mit seinen Gaben sättigt; wie dem Adler wird dir die Jugend erneuert.

Psalm 103,5 (Einheitsübersetzung)

Wir nähern uns nun dem Ende dieses Buches, und wir schreiben dieses Kapitel gemeinsam. Älter werden – das bedeutet nach dem Psalmisten jünger werden: „Wie dem Adler wird dir die Jugend erneuert." Die Pueblo-Indianer haben ein Sprichwort, das besagt: „Es ist gut, jung zu sein. Und es ist gut, alt zu sein." Nur wenn Menschen aufhören, innerlich zu wachsen, werden sie wirklich alt.

Alt sein ist ein herrlich Ding, wenn man nicht verlernt hat, was anfangen heißt.

Martin Buber

Wir sind beide in unserem achtzigsten Lebensjahr. Und es gefällt uns jetzt besser als zu der Zeit, da wir in unseren Siebzigern waren. Der amerikanischen Journalistin Gail Sheehy zufolge, die sich in ihrem Buch „Passages"[30] mit

---

[30] Gail Sheehy: Passages: Predictable Crises of Adult Life, Ballantine Books, New York, 2006

den verschiedenen Phasen des Erwachsenenlebens beschäftigt, haben wir gerade die Schwelle von den „Gelassenen Siebzigern“ zu den „Hemmungslosen Achtzigern“ passiert. Wenn Jesus nicht vorher wiederkommt und wir gesund bleiben, dann haben wir die „Edlen Neunziger“ und die „Feierlichen Hunderter“ vor uns. Und wenn wir uns umschauen auf die Zeit, die wir bereits hinter uns haben, dann blicken wir auf die „Gewagten Zwanziger“, die „Turbulenten Dreißiger“, die „Blühenden Vierziger“, die „Furchtlosen Fünfziger“ und die „Einflussreichen Sechziger“ zurück. Meine Lieblingsautorin Pearl S. Buck hat einmal gesagt: „Um das Heute zu verstehen, muss man das Gestern sehen.“

„Ich möchte genauso alt sein, wie ich gerade bin“, sagte einmal eine weißhaarige Frau während eines unserer *Family Life*-Seminare. Vielleicht ist Selbstannahme zu keiner Zeit des Lebens wichtiger als im Alter. James Smith beschäftigt sich in seinem Buch „Dass Gott mich wirklich liebt“[31] unter anderem mit diesem Thema. Er zitiert dazu aus T. S. Eliots Theaterstück „Die Cocktailparty“ einen Psychiater, der seinem Patienten erklärt: „Das meiste Unheil, das in dieser Welt geschieht, wird von Menschen angerichtet, die sich wichtig vorkommen ... weil sie in Anspruch genommen sind von der ständigen Anstrengung, gut von sich selbst zu

---

[31] James Smith/Richard Foster: Dass Gott mich wirklich liebt. Mit dem Herzen glauben, © 1996 der deutschen Ausgabe: R. Brockhaus Verlag, Wuppertal

denken.“[32] James Smith schreibt dazu: „Ich glaube, wir lösen unser Problem nicht dadurch, dass wir [...] besser oder schlechter von uns selbst denken lernen. Wir lösen es, wenn wir lernen, uns selbst so zu sehen, wie wir sind.“[33]

Die Tatsache, dass Gott uns so annimmt, wie wir sind, hilft uns dabei, uns selbst anzunehmen. Wenn wir älter werden, begreifen wir mehr und mehr, dass wir schlicht und einfach Menschen sind, und das befreit uns davon, uns selbst zu ernst zu nehmen.

Im Alter kommen alle Abschnitte unseres Lebens zur Vollendung. Der Kreis schließt sich und daraus wächst Weisheit. Nur wer zu leben versteht, versteht auch zu sterben. Ein 90-jähriger Bauer drückte es einfach so aus: „Das Beste liegt immer vor uns.“

Engel können fliegen, weil sie sich selbst leichtnehmen.

Chesterton

Wie kann man einem älteren Menschen helfen, Frieden mit seinem Alter zu finden? Und Frieden mit seiner Lebenssituation? Diese Frage stellte ich auch meinem Sohn Daniel, der in Österreich als Psychotherapeut tätig ist, als meine Schwester und ich kürzlich mit ihm nach Salzburg zu seinem Arbeitsplatz fuhren.

„Als Erstes würde ich ihn fragen, was bisher in seinem Leben geschehen ist“, entgegnete Daniel. „Der nächste

[32] T. S. Eliot: Die Dramen, © der deutschen Ausgabe: Suhrkamp Verlag, Frankfurt a. M., 1988, S. 251
[33] James Smith, a. a. O., S. 41

Schritt wäre, herauszufinden, welche Auswirkungen diese Erfahrungen auf ihn hatten und welche Gefühle sie bei ihm ausgelöst haben. Erst dann kann er seine Reaktionen darauf einordnen. Einige Dinge wird er verstehen und andere nicht. Die emotionale Wirkung ist ganz, ganz wichtig. All diese Dinge sind viel leichter zu verarbeiten, wenn man darüber sprechen kann. Der letzte große Schritt ist, herauszufinden: Was bedeutet all dies für mich? Was ist gut daran, was ist nicht gut? Wenn ich weiß, was richtig ist, kann ich den nächsten Schritt, der erforderlich ist, im Glauben tun. Wenn es eine schöne Erfahrung war, kann ich einfach sagen, dies ist etwas, von dem ich mehr haben möchte, denn es schenkt mir Leben. Wenn es um eine Person geht, die mich wirklich verletzt hat, ohne dass ich den Grund dafür verstehe, dann werde ich nach dem Warum fragen. Gleichzeitig müssen wir jedoch begreifen, dass es manche Situationen gibt, die sich niemals ändern werden. Nur, wenn wir diese akzeptieren – und auch unsere eigenen Grenzen –, werden wir Frieden finden.“

Für den Ungebildeten ist das Alter Winter; für den Gebildeten ist es Erntezeit.

Jiddisches Sprichwort

Elisabeth, eine 90-jährige englische Professorin, lebte seit sieben Jahren in einem Seniorenheim in Pennsylvania und wurde vom dortigen Personal sehr geliebt. Sie konnte nicht mehr lesen, weil ihre Augen zu schwach geworden waren, aber sie war immer noch eine anregende Gesprächspartnerin. Unser Freund Samuel, ein Missionar im Ruhestand, war ein ehemaliger Student von ihr. Als er sie eines Tages besuchte, sagte sie zu ihm: „Ich kann diese Evangelisten nicht ausstehen, die den Leuten Wohlstand, Gesundheit und gesellschaftlichen Erfolg versprechen, wenn sie nur an Jesus glauben und sich ihrer Gemeinschaft anschließen. Das Christentum sollte doxologisch sein, nicht therapeutisch.“

„Wie meinen Sie das, doxologisch?“, fragte er.

„Doxologie – das heißt Lobpreis, Samuel. Unsere Aufgabe ist einfach, ihm von ganzem Herzen zu dienen und ihn zu preisen. Wir sollten nicht darauf aus sein, uns von ihm therapieren zu lassen.“

Es ist wunderbar, alt zu werden, wenn man jung bleibt.

Henry Emerson Fosdick

„Aber Jesus verspricht uns doch, wie ein guter Hirte für uns zu sorgen und uns Heilung, Ruhe und Trost zu schenken“, beharrte Samuel.

„Ich meine Folgendes“, sagte sie. „Wir müssen uns nach seiner Liebe ausstrecken, um ihn zu preisen – nicht aus selbstsüchtigen Gründen. Gott zu preisen ist der Hauptzweck unseres Lebens.“[34]

Ingrid besuchte vor längerer Zeit ihre 99-jährige Tante in einem christlichen Seniorenheim in Illinois. Tante Lula war nicht in ihrem Zimmer, aber Ingrid fand sie in ihrem Rollstuhl im Aufenthaltsraum, wo sie mit ihren Freundinnen Karten spielte. Als sie fragte, wie es ihr gehe, sagte

---

[34] Sam Schmitthenner: Ramblings With Ruth, Quiet Waters Publications, Bolivar, o. J., S. 220f

Tante Lula, in deren Haus so viele Familienangehörige Zuflucht gefunden hatten und die selbst so viele Familienfeste ausgerichtet hatte: „Was ich hier im *Good Shepherd Care Center* am meisten vermisse, ist das selbst gekochte Essen." Sie war dankbar, dass eine ihrer Nichten, die in der Nähe wohnte, ihr von Zeit zu Zeit einen selbst zubereiteten Leckerbissen vorbeibrachte. „Das Problem beim Altwerden ist", sagte sie mit ihrem silberhellen Lachen, „dass nichts mehr selbstverständlich ist." Sie meinte damit die körperlichen Veränderungen, mit denen wir uns nicht beschäftigen müssen, solange wir jung sind. Sie wollte ihr Lieblingslied *„I'll fly away"*[35] singen und sprach sehnsüchtig von dem Tag, an dem sie „wegfliegen würde nach Hause". Einige Monate später starb sie. Ingrid konnte die Stimme ihrer geliebten Tante ein letztes Mal am Telefon hören und wünschte ihr Gottes Gnade und Beistand für ihre letzte große Reise.

Wir haben auch von Pastor William Berg erzählt, der während unserer Studentenzeit unser geistlicher Mentor war und uns im Alter von 89 Jahren getraut hat. Er ist inzwischen 96 und immer noch sehr aktiv in seinem Dienst als Autor und Seelsorger. Er hat ein Buch über das Älterwerden geschrieben und uns erlaubt, einige Sätze daraus zu zitieren:

Die schlechte Nachricht ist, ich werde älter;
die gute Nachricht ist, ich werde weiser.

---

[35] „Ich fliege fort"

Die schlechte Nachricht ist, ich bin es müde, durch die Wüste zu wandern;
die gute Nachricht ist, ich bin auf dem Weg in das verheißene Land.
Die schlechte Nachricht ist, ich nähere mich dem irdischen Tod;
die gute Nachricht ist, ich nähere mich meiner himmlischen Heimat.

Wir hören oft von der Angst vor dem Altwerden. Bevor wir jedoch näher auf diese Ängste eingehen, wollen wir hören, was ein Gerontologe, Dr. Deepak Chokra, zu diesem Thema gesagt hat:

> Die Abnahme der Energie im Alter ist weitgehend darauf zurückzuführen, dass die Menschen damit rechnen abzubauen. Sie haben sich unwissentlich eine negative Erwartungshaltung zu eigen gemacht, die die Tendenz hat, das herbeizuführen, was sie befürchten. Wenn wir Angst davor haben, alt zu werden, dann wird uns das nur umso schneller altern lassen. Wenn wir das Älterwerden dagegen mit Würde annehmen, dann bleiben uns viele negative Dinge erspart. Man ist nur so alt, wie man denkt.

Kürzlich sagte Ingrid zu der 80-jährigen Mutter einer ihrer Freundinnen: „Sie sind eine schöne Frau." Statt dieses ehrliche Kompliment anzunehmen, antwortete sie: „Wie kann ich schön sein? Ich bin alt."

Wir erinnern uns beide an das, was Präsident Franklin D. Roosevelt zu den Bürgern der Vereinigten Staaten sagte, nachdem die Japaner 1941 Pearl Harbor angegriffen hatten und unser Land von Ängsten gelähmt war. Wir hatten uns gerade von einer Angst erholt: der Großen Depression und der Dürreperiode, als die Menschen im ganzen Land Schlange standen für Brot und Suppe. Damals war die Furcht zu verhungern für viele Menschen bittere Realität. Roosevelt sagte schlicht: „Das Einzige, wovor wir uns wirklich fürchten müssen, ist die Furcht selbst."

Furcht wird in meinem amerikanischen Wörterbuch definiert als „Gefühl der Besorgnis und Aufregung angesichts einer gegenwärtigen oder bevorstehenden Gefahr, eines Übels, eines Schmerzes. Angst, Schrecken, Befürchtung."

Lauren hat die sehr realen Ängste, die er zu verschiedenen Zeiten seines Lebens hegte, folgendermaßen in Worte gefasst:

> Als ich 1943 in den Zweiten Weltkrieg zog, war ich sehr bestürzt, verwirrt und furchtsam. Zum ersten Mal in meinem Leben hatte ich Heimweh. Die Zukunft war unsicher. Während ich im medizinischen Korps der Armee diente, machte mir die Todesangst der Menschen, für die ich sorgte, bewusst, wie wenig ein Menschenleben wert war. Ich begann mein Leben, meinen Glauben und meine Zukunft infrage zu stellen. All dies Sterben um mich herum wühlte mich auf, und ich konnte meine Ängste nicht beschwichtigen.

Der Herr tröstete mich durch sein Wort: „Fürchte dich nicht, Lauren. Ich habe dich geschaffen, um Leben zu retten, nicht, um es zu zerstören. Nicht du hast mich erwählt, sondern ich habe dich erwählt und bestimmt, dass du hingehst und Frucht bringst ..." (Johannes 15,16). Nach 45 gemeinsamen Jahren ging meine Frau heim zum Herrn. Ich war so furchtbar allein. Ich fühlte mich ungeliebt und vergessen. Ich war verzagt und fürchtete mich davor, die Vergangenheit loszulassen und mich dem Leben wieder zuzuwenden.

Dann hörte ich, wie der Herr mich rief und mich dazu aufforderte, mich von der Vergangenheit zu lösen und eine neue Aufgabe bei Family Life Mission zu übernehmen. Auf meinem Schreibtisch habe ich eine farbige Postkarte stehen, die Ingrid mir vor unserer Hochzeit geschickt hat. Sie schrieb: „Ich mag das Licht auf dieser Karte. Wir nähern uns vielleicht – symbolisch betrachtet – schon der Zeit des Sonnenuntergangs, aber ich glaube, in diesem Lebensalter leuchtet das Licht heller als zu jeder anderen Zeit. Denk an Sprüche 4,18: ‚Der Gerechten Pfad glänzt wie das Licht am Morgen, das immer heller leuchtet bis zum vollen Tag.'"

Es ist wichtig, sich zu hinterfragen und sich ehrlich einzugestehen, an welchem Punkt unserer Reise mit Gott wir gerade stehen. „Es gibt in unseren Gemeinden heute drei Arten von Menschen", hat Dr. Richard Bliese, der Präsident des *Luther Seminary* in St. Paul, einmal gesagt. „Und es ist an uns zu entscheiden, zu welcher Gruppe wir gehören:

- Entweder sind wir noch in der Sklaverei in Ägypten,
- oder wir sind aus Ägypten befreit worden, aber wir wandern noch durch die Wüste,
- oder wir haben die Wüste hinter uns gelassen, sind durch den Jordan in das verheißene Land eingezogen und genießen das Gute, das Gott uns dort schenkt."

Stress, Sorgen und Angst können uns daran hindern, in der Freude zu leben, die Gott uns schenken möchte – gerade dann, wenn wir älter werden. Die größten Feinde eines gesunden Lebensstils sind nicht fettreiche Lebensmittel oder Bewegungsarmut. Der Stressforscher Robert Sapolsky stellt fest: „Wir wissen inzwischen, dass es beim Problem des Alterns darum geht, dass ein Körper nicht mehr gut mit Stress umgehen kann." Wir müssen verstehen, was in unserem Körper geschieht, wenn wir Stress erleben, und warum es so wichtig ist, richtig damit umzugehen.

Wenn eine Mutter mit ihrem Kind auf dem Arm aus einem brennenden Haus fliehen muss, dann hat der Stress, unter dem sie steht, eine unmittelbare positive Wirkung: Er versorgt ihre Muskeln, ihr Herz und ihre Lungen mit zusätzlicher Energie. Wenn ein Mensch jedoch unaufhörlich unter Stress steht, ohne dass die dadurch freigesetzte Energie sinnvoll verbraucht werden kann, dann steht er sozusagen ständig unter Strom. Die körperlichen Reaktionen, die uns in Krisensituationen schützen, wenden sich in solchen Fällen gegen uns. Die Folgen sind ein schwankender Blutzuckerspiegel, hoher Blutdruck, Thrombosegefahr, verminderter Sexualtrieb und ein geschwächtes Immunsystem.

Während seiner 16-jährigen Tätigkeit als Seelsorger im *Pioneer Home* in Fergus Falls, Minnesota, war Lauren mit einer sehr realen Furcht konfrontiert, die die Bewohner dort hegten: die Furcht vor der Alzheimer-Krankheit. Diese wurde im Jahr 1907 von Dr. Alois Alzheimer in München entdeckt und ist die gebräuchlichste Form von Altersdemenz. Ab einem Alter von 85 Jahren steigt die Häufigkeit dieser Krankheit ganz enorm an. Laurens älteste Schwester litt während der letzten Jahre ihres Lebens unter Alzheimer; dadurch hat er aus nächster Nähe miterlebt, wie wichtig es ist, dass Familienmitglieder und Freunde der Betroffenen aktive Unterstützung erfahren. Der Dienst an den Angehörigen von Alzheimer-Patienten wurde zu einem wichtigen Bestandteil seiner Arbeit. Nachdem Präsident Reagan erfahren hatte, dass er an Alzheimer erkrankt war, schrieb er in einem offenen Brief an die Bürger der Vereinigten Staaten: „Meine Familie trägt eine schwere Last. Ich wünschte nur, es gäbe irgendeine Möglichkeit, wie ich Nancy diese schmerzliche Erfahrung ersparen könnte.“ Eine Frage, die häufig von Angehörigen der Erkrankten gestellt wird, ist: „Woher weiß man, dass man an Alzheimer leidet?“ Es wurde viel über die Symptome der Krankheit geschrieben, daher werde ich hier stattdessen kurz die „normalen“ Anzeichen des Älterwerdens beschreiben, damit unsere Ängste zerstreut werden und wir uns nicht unnötig sorgen müssen.

Folgendes ist normal, wenn man älter wird:

- Wir können nicht mehr alles auf einmal machen: die Kinder beaufsichtigen, eine Mahlzeit kochen, Radio hören und ein Telefonat führen. Unsere Aufnahmefähigkeit nimmt ab.
- Wir lassen uns leichter ablenken. Das beeinflusst unser Erinnerungsvermögen.
- Wir brauchen mehr Zeit, um uns an bestimmte Dinge zu erinnern. Da dies ein normaler Bestandteil des Alterns ist, müssen wir mit uns selbst geduldiger werden.
- Es wird schwieriger, sich bestimmte Informationen wieder ins Gedächtnis zu rufen.
- Es dauert länger, neue Fähigkeiten zu erlernen, wie z.B. einen Computer zu bedienen.
- Wir sind nicht mehr so aufmerksam. So wird uns z.B. jemand vorgestellt, dessen Namen wir zwei Sekunden später wieder vergessen haben.

In dem Buch „*Forgetting Whose We Are*“[36] von Dr. David Keck geht es um die Alzheimer-Krankheit und die Liebe Gottes. Keck beschäftigt sich darin mit den theologischen Fragen, die die Alzheimer-Krankheit aufwirft. Er widmet das Buch seiner Mutter Janice, einer Theologin, die an dieser Krankheit litt. Ein Rezensent schreibt: Wenn man „Alzheimer“ hört, dann denkt man normalerweise nicht

---

[36] Dr. David Keck: Forgetting Whose We Are: Alzheimer's Disease and the Love of God, Abingdon Press, Nashville, 1996

an Schönheit. Aber in diesem bemerkenswerten Buch hilft David Keck uns zu begreifen, dass auch in dieser Krankheit die Herrlichkeit Gottes zum Ausdruck kommt. Auch wenn der Mensch sich nicht mehr an seinen Gott erinnern kann, steht Gott zu ihm und lässt ihm Gnade und Barmherzigkeit zuteilwerden. Gleichzeitig macht diese Krankheit uns klar, dass wir nicht so unabhängig sind, wie wir manchmal glauben, und dass wir letztendlich nur durch den leben, der uns gemacht hat. So verlässt ein an Alzheimer Erkrankter die Welt auf die Weise, wie er in sie gekommen ist, in den Händen Gottes, auf die Hilfe anderer angewiesen. In der Bibel geht es ebenfalls immer wieder darum, dass das Volk Israel seinen Gott vergisst. Doch Gott vergisst nie. Er ändert sich nicht, er bleibt. All dies kann uns diese Krankheit zeigen.

Wir haben bereits darüber gesprochen, wie wichtig es ist, dass es in unserem Leben genügend Ruheinseln gibt. Wenn man die Buchstaben des englischen Wortes *stress* durcheinandermischt, lässt sich daraus das Wort *rest* (Ruhe) bilden. Zur Ruhe kommen wir nicht nur dann, wenn wir uns hinlegen, sondern auch, wenn unser Denken und unser Fühlen von den Ereignissen des Tages befreit werden. Dazu gehört auch die richtige Vorbereitung auf den Schlaf. „Lasst die Sonne nicht über eurem Zorn untergehen" (Epheser 4,26) ist eine der Grundregeln. Abgebrochene Gespräche oder Probleme mit Familienmitgliedern und Freunden können eine schlaflose Nacht zur Folge haben. Wir haben gemerkt, dass es unseren Geist zur Ruhe bringt, wenn wir miteinander in einem interessanten (aber nicht zu schwierigen) Buch lesen. Auch beruhigende, sanfte klassische Musik ist eine Möglichkeit, einen perfekten Tag ausklingen zu lassen. Es gibt sogar Radiosendungen, die extra darauf ausgelegt sind, uns auf einen erholsamen Schlaf vorzubereiten. Ein Tag beginnt immer mit dem Abend zuvor.

Auch sportliche Betätigung ist ein gutes Mittel, um Stress zu kontrollieren. Lauren hat festgestellt, dass ein täglicher Spaziergang von etwa drei Kilometern nicht nur seinen Körper beweglich hält, sondern auch eine gute Gelegenheit zu Meditation und Gebet ist. Es ist eine Zeit, in der er Angehörige, Freunde und die Nöte der Welt vor den Herrn bringen kann. Seit seiner Erfahrung als Pastor und Seelsorger in einem Zentrum für Drogenabhängige ist ihm der „Gelassenheitsspruch" der Anonymen Alkoholiker besonders lieb geworden. Dieser Spruch hat nicht nur ihm selbst, sondern auch den Menschen, denen er gedient hat, Trost und Hoffnung vermittelt:

Gott gebe mir die Gelassenheit,
Dinge hinzunehmen, die ich nicht ändern kann;
den Mut, Dinge zu ändern, die ich ändern kann;
und die Weisheit, das eine vom anderen zu unterscheiden.

Reinhold Niebuhr

Unsere Familie und unsere engen Verwandten sind uns beiden sehr wichtig. Jedes Mal, wenn wir ein Familientreffen haben, ehren wir das Andenken unserer Eltern und Großeltern, die dem Herrn gedient haben. Umgekehrt fühlen wir uns sehr geehrt und gestärkt, wenn wir sehen, wie unsere Kinder und ihre Familien im Glauben und in Liebe miteinander verbunden sind. Wir nehmen die Verheißung aus Psalm 103,17-18 für uns in Anspruch: „Die Gnade aber des HERRN währt von Ewigkeit zu Ewigkeit über denen, die ihn fürchten, und seine Gerechtigkeit auf Kindeskind bei denen, die seinen Bund halten und gedenken an seine Gebote, dass sie danach tun."

Unser Land erholt sich gerade mühsam von den Folgen der schlimmsten Naturkatastrophe, die je über es hereingebrochen ist. Freunde schrieben uns:

> Wir verspüren die Last trauriger, beunruhigender Nachrichten und die Unsicherheit und Not der Flüchtlinge. Aber in einem sind wir uns sicher: Es ist alles in Gottes Hand. Wir vertrauen darauf, dass Gott unsere Bedürfnisse kennt. Die meisten von uns älteren Menschen haben ihre eigenen persönlichen Stürme zu bestehen: gesundheitliche Probleme, den Verlust des Ehepartners, finanzielle Unsicherheit. Der Apostel Paulus ist ein gutes Vorbild für Zeiten wie diese. Hört, was er schreibt: *„Von allen Seiten werden wir von Schwierigkeiten bedrängt, aber nicht erdrückt. Wir sind ratlos, aber wir verzweifeln nicht. Wir werden verfolgt, aber Gott lässt uns nie im Stich. Wir werden zu Boden geworfen, aber wir stehen wieder auf und machen weiter [...] Denn unsere jetzigen Sorgen und Schwierigkeiten sind nur gering und von kurzer Dauer, doch sie bewirken in uns eine unermesslich große Herrlichkeit, die ewig andauern*

wird! So sind wir nicht auf das Schwere fixiert, das wir jetzt sehen, sondern blicken nach vorn auf das, was wir noch nicht gesehen haben. Denn die Sorgen, die wir jetzt vor uns sehen, werden bald vorüber sein, aber die Freude, die wir noch nicht gesehen haben, wird ewig dauern" (2. Korinther 4,8.9.17.18; Neues Leben).

Letztes Jahr am Karsamstag schrieb ich (Ingrid) in mein Tagebuch:

> Heute ging ich zu unserem Familiengrab auf dem Rivermonte-Friedhof. Er ist nur ein paar Meilen von unserem Haus entfernt. Es regnete, während ich durch den Sequiota-Park, das Dorf Galloway und dann den Hügel zum Friedhof hinauffuhr. Der Friedhof ist wunderschön gelegen; man hat von dort aus einen herrlichen Blick über den James River und den neuen Highway, der in den Kalksteinfelsen hineingebaut wurde.
> Ich saß in meinem Wagen und öffnete das Sonnenverdeck des Schiebedaches. In sanften Tropfen fiel der Regen auf das transparente Kunststofffenster, durch das ich in die Äste der Eiche über mir blicken konnte. Ich hatte ein Gefühl, als säße ich unter dem riesigen Regenschirm meines himmlischen Vaters.
> Ich warf all die Verletzungen und Ängste dieses letzten Jahres in das Grab und betete für jedes unserer Kinder und Enkelkinder – dass sie erfahren, wie sehr Gott sie liebt und wie sehr ihre Eltern sie lieben.

Gestern war Karfreitag. Wir erhielten die Nachricht, dass Jean Banyolak in Douala, Kamerun gestorben war. Er war ein treuer Afrikaner, der zusammen mit seiner Frau Ernestine mit uns für die Family Life Mission gearbeitet hat. Fünfunddreißig Jahre lang haben sie treu die Botschaft von „Hope for the Family" verkündet. Mir tut das Herz weh, wenn ich an seine Familie denke, die nun seinen Körper in ein frühes Grab legen muss. Wir haben ihn verloren, aber er ist nun nach Hause gekommen. Was für ein frohes Wiedersehen er und Walter haben werden. Auf die arme, liebe Ernestine kommen nun all die Schrecken der Witwenschaft zu einschließlich der neuen Anrede: „Madame Veuve Banyolak". Ich erinnere mich noch daran, wie ich nach Walters plötzlichem Tod vor 25 Jahren den ersten schwarzgeränderten Umschlag mit der Aufschrift „Frau Witwe Ingrid Trobisch" erhielt. In diesen Worten steckten die Endgültigkeit und der unbeschreibliche Schmerz, den Witwen und Witwer auf der ganzen Welt empfinden.
Ich werde bald ein neues Lebensjahrzehnt beginnen. Ich weiß, dass ich nur dann, wenn ich bereit bin zu sterben, wirklich bereit bin zu leben. Während ich an diesem Karsamstag hier sitze und bete, höre ich die Verheißung aus seinem Wort:

Siehe, ich mache alles neu!
Offenbarung 21,5

Nachwort

„Siehe, ich mache alles neu" – darum geht es letztendlich beim Älterwerden. Jeder Morgen wird zu einem neuen Anfang, einer neuen Herausforderung, einer neuen Gelegenheit, einer neuen Erfahrung, einer neuen Freude. Was haben uns all unsere Jahre gelehrt?

Beide haben wir erlebt, wie unsere Welt zum Stillstand kam, als unsere Lebenspartner, Norma und Walter, plötzlich starben. Ingrid schrieb ein Buch über Trauer: „Allein leben lernen", das ihr half, ihre Gefühle in Worte zu fassen und weiterzugehen, wenn auch allein. Ich, Lauren, sehe heute, zwanzig Jahre später, dass dieses Buch ein Wendepunkt in meiner eigenen Trauer war.

Unsere Jahre ohneeinander und miteinander haben uns jedoch etwas noch viel Wichtigeres gezeigt: Wir gehen niemals alleine, wenn der Herr uns als unser Hirte begleitet. Auch lernten wir von ihm, wieder mit jemandem zu gehen. Nach Jahren der Freundschaft gab er uns den Mut, erneut zu jemandem zu sagen: „Du bist mein." Gleichzeitig fanden wir Freude daran, dass wir sowohl im Himmel als auch auf der Erde eine Frau bzw. einen Mann haben.

Darüber hinaus hat der Herr uns geholfen, in unserer Liebe zu ihm und zueinander zu wachsen. Deshalb ist uns Psalm 103 so kostbar. Er drückt aus, was wir für unsere Vergangenheit, unsere Gegenwart und unsere Zukunft bezeugen können: Lobe den HERRN, meine Seele, und was in mir ist, seinen heiligen Namen.

Indem wir ihm nachfolgen und an seiner Seite gehen, wird unser Leben jeden Tag jünger und füllt sich mit seiner großen Liebe und Gnade. Ein kleiner Junge kam nach der Sonntagsschule nach Hause und erzählte seinen Eltern, wie Elias in den Himmel gekommen sei: „Gott und Elias gingen jeden Tag miteinander spazieren und die Spaziergänge wurden immer länger. Eines Tages sagte Gott zu ihm: ‚Elias, heute sind wir sehr weit gegangen und sind meinem Haus viel näher als deinem. Komm doch nach Hause mit mir!' – und das hat Elias getan!"

Auf unserem gemeinsamen Weg mit dem Herrn freuen wir uns an jeder neuen Wegbiegung. Wir vertrauen ihm, dass er zum richtigen Zeitpunkt sagen wird: „Komm doch nach Hause mit mir."

Hannelore Deußing

Alles Kopfsache

Gedächtnistraining mit der Bibel

Eine Flut von Informationen, Ereignissen und Gefühlen strömt täglich auf uns ein. Da ist es gut, sich auf sein Gedächtnis verlassen zu können. Und das können wir in den meisten Fällen auch - unser Gehirn ist ein Wunderwerk der Schöpfung.
Gehen Sie mit diesem Buch auf Entdeckungsreise: Sammeln Sie Wissenswertes über Ihr Gedächtnis, machen Sie einen aufschlussreichen Gedächtnis-Test, finden Sie Anregungen für persönliche Texterarbeitungen und Bibelarbeiten und bringen Sie Ihre grauen Zellen mit einem 30-Tage-Gedächtnis-Programm auf Trab.

160 Seiten, Paperback, Best.-Nr. 224.938

scm R.Brockhaus

55plus
Das christliche Magazin für neue Horizonte
55plus bietet Erholung und Lebenshilfe, Herausforderung und Ermutigung für Menschen, die die dritte Lebensphase bewusst genießen und sinnvoll nutzen möchten.
Bestellen Sie 55plus:
Bundes-Verlag GmbH
Postfach 4065, 58452 Witten
Tel: 0180.1999 000
Fax: 02302.93093-689
www.55plus-magazin.de
55plus
Oma ist die Beste
Heinz-Horst Deichmann
Europas größter Schuhhändler wird 80
Wenn der Schmerz zur Krankheit wird